L'ECONOMIE NUMERIQUE : DEFINITION, CONCEPTS CLES ET ENJEUX

Stell BALOSSA

Coach formateur, consultant, écrivain

REMERCIEMENTS

Je tiens à exprimer ma gratitude à toutes les personnes qui ont contribué à la réalisation de ce livre. Mes remerciements vont à Dieu, ma famille, mes amis, ma communauté religieuse et mon éditeur.

Je voudrais également remercier les autorités civiles et militaires, ainsi que le gouvernement, pour leur soutien et leur engagement en faveur de la paix, qui ont rendu ce projet possible.

Enfin, je tiens à remercier tous les lecteurs et les personnes qui ont cru en moi et qui m'ont soutenu tout au long de ce processus. Votre soutien inconditionnel a été essentiel pour la réalisation de ce livre, et je vous en suis profondément reconnaissant.

AVANT-PROPOS :

L'économie numérique est un sujet qui a gagné en importance ces dernières années. Avec l'avènement d'Internet, des réseaux sociaux, des smartphones et d'autres technologies numériques, l'économie mondiale est en train de se transformer à une vitesse sans précédent.

L'économie numérique, également appelée économie du savoir, est définie comme l'utilisation des technologies numériques pour créer, stocker, traiter et échanger des informations. Elle concerne toutes les activités économiques liées à la production, la distribution et la consommation de biens et services numériques. L'économie numérique comprend également des activités de création de contenus numériques, tels que les applications mobiles, les jeux vidéo, les vidéos en ligne, les musiques, les livres électroniques, etc.

L'objectif de ce livre est de donner une définition précise de l'économie numérique et de fournir des explications sur les concepts clés qui y sont associés. Nous étudierons les enjeux économiques, sociaux et politiques liés à cette économie en pleine expansion, ainsi que les défis auxquels elle est confrontée.

Nous explorerons également les avantages de l'économie numérique pour les entreprises, les gouvernements et les consommateurs, ainsi que les risques potentiels, tels que la cybercriminalité, la violation de la vie privée et l'automatisation des emplois.

Ce livre s'adresse à tous ceux qui s'intéressent à l'économie numérique et qui souhaitent en savoir plus sur ses enjeux et ses impacts sur la société. Nous espérons que les informations contenues dans ces pages permettront aux lecteurs de mieux comprendre l'économie numérique et ses implications, et de se préparer aux changements qui se produisent dans notre monde en constante évolution.

SOMMAIRES

- *DEFINITION*
- *CONCEPTS CLES*
  PARTIE I
- *CHAPITRE 1*
- *L'HISTOIRE DE L'ECONOMIE NUMERIQUE ET SES DIFFERENTES ETAPES*
  CHAPITRE 2
- *LES MODELES ECONOMIQUES DE L'ECONOMIE NUMERIQUE*
- *CHAPITRE 3*
- *LES PLATEFORMES DE L'ECONOMIE NUMERIQUE ET LEUR IMPACT SUR L'ECONOMIE MONDIALE*
- *CHAPITRE 4*
- *LES TENDANCES ACTUELLES DE L'ECONOMIE NUMERIQUE ET LES PERSPECTIVES FUTURES*
- *CHAPITRE 5*
- *LES TECHNOLOGIES CLES DE L'ECONOMIE NUMERIQUE (IA, BLOCKCHAIN, IOT, ETC.)*
- *CHAPITRE 6*
- *LES STARTUPS DE L'ECONOMIE NUMERIQUE : COMMENT LES CREER, LES FINANCER ET LES DEVELOPPER*
- *CHAPITRE 7*
- *LES NOUVEAUX METIERS DE L'ECONOMIE NUMERIQUE ET LES COMPETENCES NECESSAIRES POUR LES EXERCER*
- *CHAPITRE 8*

- *LES ENJEUX ETHIQUES ET SOCIAUX DE L'ECONOMIE NUMERIQUE*
- *CHAPITRE 9*
- *LES REGLEMENTATIONS ET LES POLITIQUES PUBLIQUES LIEES A L'ECONOMIE NUMERIQUE*
- *CHAPITRE 10*
- *LES BONNES PRATIQUES POUR REUSSIR DANS L'ECONOMIE NUMERIQUE*
- *CHAPITRE 11*
- *LES OUTILS ET LES TECHNIQUES POUR LA VEILLE ET L'ANALYSE DE L'ECONOMIE NUMERIQUE.*
- *PARTIE II*
- *CHAPITRE 1*
- *LES CARACTERISTIQUES DE L'ECONOMIE NUMERIQUE*
- *CHAPITRE 2*
- *LA NUMERISATION DANS L'ECONOMIE NUMERIQUE*

- *CHAPITRE 3*
- *LA CONNECTIVITE DANS L'ECONOMIE NUMERIQUE*
- *CHAPITRE 4*
- *L'AUTOMATISATION DANS L'ECONOMIE NUMERIQUE : PERSPECTIVES COMPARATIVES ENTRE LE CONGO ET D'AUTRES NATIONS AFRICAINES*
- *CHAPITRE 5*

- *LA PERSONNALISATION DANS L'ECONOMIE NUMERIQUE : UNE ANALYSE COMPARATIVE ENTRE LE CONGO ET D'AUTRES NATIONS AFRICAINES*
- *CHAPITRE 6 : LA RAPIDITE ET L'EFFICACITE DES TRANSACTIONS DANS L'ECONOMIE NUMERIQUE : UN REGARD COMPARATIF ENTRE LE CONGO ET D'AUTRES NATIONS AFRICAINES*
- *CHAPITRE 7 : L'EMERGENCE DE NOUVEAUX MODELES ECONOMIQUES DANS L'ECONOMIE NUMERIQUE : ANALYSE COMPARATIVE ENTRE LE CONGO ET D'AUTRES PAYS AFRICAINS*

- *CHAPITRE 8 LA MONDIALISATION DANS L'ECONOMIE NUMERIQUE : PERSPECTIVES COMPARATIVES ENTRE LE CONGO ET D'AUTRES PAYS AFRICAINS*
- *CHAPITRE 9 : CONCLUSION GENERALE ET RECOMMANDATIONS POUR LES ACTEURS CLES DE L'ECONOMIE NUMERIQUE EN AFRIQUE*
- *GLOSSAIRE DE TERMES LIES A L'ECONOMIE NUMERIQUE*
- *LEXIQUE DE TERMES LIES A L'ECONOMIE NUMERIQUE*
- *BIBLOGRAPHIE*

DEFINITION

L'économie numérique est un domaine complexe qui englobe un large éventail de concepts et de technologies. Voici quelques-unes des définitions les plus courantes de l'économie numérique :

L'économie numérique est l'utilisation des technologies numériques pour créer, stocker, traiter et échanger des informations. Cette économie englobe toutes les activités économiques liées à la production, la distribution et la consommation de biens et services numériques.

L'économie numérique est une économie basée sur la création, la distribution et la consommation de biens et services numériques. Elle est souvent appelée économie de l'information ou économie du savoir.

L'économie numérique est un secteur en constante évolution qui utilise les technologies de l'information et de la communication (TIC) pour transformer la façon dont les entreprises opèrent, les consommateurs interagissent avec les entreprises et les gouvernements fournissent des services publics.

L'économie numérique est un concept plus large qui englobe l'ensemble des activités économiques liées à la numérisation, y compris la numérisation des processus de production, la numérisation des services publics, la numérisation des transactions financières.

L'économie numérique, également connue sous le nom d'économie digitale ou d'économie de l'information, fait référence à l'ensemble des activités économiques qui impliquent l'utilisation des technologies de l'information et de la communication (TIC) pour produire, distribuer et échanger des biens et des services.

Cela comprend la numérisation de processus de production, tels que l'automatisation de la production, l'optimisation des chaînes d'approvisionnement et la gestion de la logistique à l'aide de systèmes informatiques. Cela inclut également la numérisation des services publics, tels que les services de santé en ligne, l'éducation en ligne, les services de gouvernement électronique, les services de sécurité sociale, etc.

En outre, l'économie numérique comprend également la numérisation des transactions financières, telles que les paiements électroniques, la banque en ligne, les plateformes de crowdfunding, etc. Les plateformes de commerce électronique, les réseaux sociaux, les jeux en ligne et autres services en ligne font également partie de l'économie numérique.

En résumé, l'économie numérique est un terme qui englobe toutes les activités économiques qui impliquent l'utilisation des technologies de l'information et de la communication pour créer de la valeur, innover et améliorer l'efficacité et la qualité des produits et services.

CONCEPTS CLES

L'économie numérique est un domaine qui se concentre sur l'utilisation des technologies de l'information et de la communication (TIC) pour créer, stocker, traiter et échanger des informations et des biens numériques. Cette économie est caractérisée par la numérisation des processus de production, de distribution et de consommation de biens et services.

Les concepts clés de l'économie numérique comprennent :

La transformation numérique : processus de numérisation des processus et des services dans les entreprises et les organisations.

La connectivité : capacité à connecter des appareils, des personnes et des processus pour permettre la création de nouvelles opportunités et la réalisation d'efficacité opérationnelle.

Le Big Data : analyse des grandes quantités de données pour en extraire des informations utiles à la prise de décision.

L'intelligence artificielle (IA) : capacité des machines à imiter ou à dépasser les capacités humaines en matière d'apprentissage, de raisonnement et de perception.

Les enjeux de l'économie numérique sont nombreux et comprennent :

L'impact sur l'emploi : la numérisation des processus peut entraîner la suppression d'emplois traditionnels et la création de nouveaux emplois dans des domaines liés à la technologie.

La transformation des industries : la numérisation a un impact sur toutes les industries, créant de nouvelles opportunités et modifiant les modèles économiques traditionnels.

La sécurité des données : la numérisation entraîne la collecte, le stockage et la transmission de grandes quantités de données, ce qui pose des défis en matière de sécurité et de protection de la vie privée.

L'accessibilité numérique : la numérisation peut entraîner des inégalités en matière d'accès aux technologies et de compétences nécessaires pour en tirer parti.

En somme, l'économie numérique est un domaine
en constante évolution qui a un impact considérable
sur les entreprises, les individus et les sociétés
dans leur ensemble.

PARTIE I

CHAPITRE 1

L'HISTOIRE DE L'ECONOMIE NUMERIQUE ET SES DIFFERENTES ETAPES

L'économie numérique est un domaine relativement récent, mais son histoire peut être divisée en plusieurs étapes clés :

Les premières formes d'économie numérique (années 1960-1980) : au cours de cette période, les premiers ordinateurs ont été développés et utilisés pour traiter des données et automatiser les processus.

L'avènement d'Internet (années 1990) : dans les années 1990, l'invention d'Internet a révolutionné les communications et a permis la création de nouveaux modèles économiques basés sur la diffusion d'informations en ligne.

L'essor du commerce électronique (années 2000) : dans les années 2000, l'utilisation généralisée d'Internet a permis la création d'entreprises basées sur le commerce électronique, telles qu'eBay et Amazon.

La montée en puissance des médias sociaux et de la mobilité (années 2010) : dans les années 2010, les médias sociaux et les technologies mobiles ont transformé l'économie numérique en permettant aux entreprises de se connecter directement avec les consommateurs et de personnaliser leurs produits et services.

La transformation numérique (années 2010-2020) : au cours de la dernière décennie, la transformation numérique est devenue une priorité pour de nombreuses entreprises, car elles cherchent à tirer parti des technologies numériques pour améliorer leur efficacité opérationnelle et offrir des produits et services plus personnalisés.

Ces différentes étapes ont été caractérisées par des innovations technologiques et des changements dans les modèles économiques, mais elles ont toutes contribué à la croissance de l'économie numérique et à son impact sur les entreprises et les consommateurs. Aujourd'hui, l'économie numérique continue de se développer rapidement, avec de nouvelles technologies émergentes telles que l'IA, la blockchain et l'Internet des objets qui ont le potentiel de transformer encore davantage l'économie numérique dans les années à venir.

CHAPITRE 2
LES MODELES ECONOMIQUES DE L'ECONOMIE NUMERIQUE

L'économie numérique a engendré de nombreux modèles économiques innovants qui ont transformé la façon dont les entreprises créent, livrent et captent de la valeur. Voici quelques-uns des modèles économiques clés de l'économie numérique :

Le modèle freemium : ce modèle repose sur l'offre d'un produit ou d'un service de base gratuit, avec la possibilité de passer à une version premium payante qui offre des fonctionnalités avancées ou des avantages supplémentaires.

Le modèle de publicité en ligne : ce modèle repose sur la fourniture de contenus ou de services gratuits financés par la publicité en ligne. Les entreprises peuvent cibler les publicités en fonction des données des utilisateurs, ce qui leur permet de maximiser l'efficacité de leurs campagnes publicitaires.

Le modèle de l'économie de partage : ce modèle repose sur la mise en relation de particuliers qui proposent des biens ou des services, tels que des voitures ou des appartements, avec des consommateurs qui souhaitent les utiliser. Les entreprises de l'économie de partage, comme Uber ou Airbnb, prennent une commission sur les transactions effectuées sur leur plateforme.

Le modèle de l'abonnement : ce modèle repose sur la fourniture de services ou de produits payants sur une base régulière, généralement mensuelle ou annuelle. Les entreprises de streaming vidéo et de musique, comme Netflix ou Spotify, utilisent souvent ce modèle.

Le modèle de l'agrégation de données : ce modèle repose sur la collecte et l'analyse de données pour fournir des services personnalisés, tels que la recommandation de produits ou la prévision de comportements des utilisateurs. Les entreprises de commerce électronique, comme Amazon, utilisent souvent ce modèle.

Le modèle de l'analyse de données et de l'IA : ce modèle repose sur l'utilisation de l'analyse de données et de l'IA pour améliorer l'efficacité opérationnelle et créer de nouveaux produits et services. Les entreprises utilisant ce modèle peuvent inclure des fournisseurs de services cloud, des entreprises de cybersécurité et des fournisseurs de technologies de l'IA.

Ces modèles économiques ont transformé l'économie numérique et ont permis aux entreprises de créer de la valeur de nouvelles manières, en offrant des produits et des services plus personnalisés, plus rapides et plus efficaces.

Les Modèles Économiques de l'Économie Numérique en Afrique Centrale

L'économie numérique redessine le paysage commercial mondial, mais comment ces modèles s'adaptent-ils au contexte spécifique du Congo-Brazzaville et de l'Afrique centrale ? Ce chapitre explore les nuances et les ajustements nécessaires pour tirer pleinement parti de l'économie numérique dans cette région dynamique.

1. Le Modèle Freemium revisité : Comment offrir des produits ou des services de base gratuits tout en adaptant la version premium aux besoins et aux réalités locales ?

1. Le Modèle Freemium Adapté à l'Afrique Centrale :

Le modèle freemium, qui repose sur l'offre d'un produit ou d'un service de base gratuit avec des fonctionnalités avancées en version payante, doit être revisité pour s'adapter aux besoins et aux réalités locales de l'Afrique centrale, y compris au Congo-Brazzaville.

Adaptation des Services Gratuits :

- Quels services de base gratuits peuvent être offerts pour répondre aux besoins spécifiques de la population congolaise ?

- Comment le modèle freemium peut-il s'aligner sur les priorités locales, telles que l'accès à l'éducation, la santé ou d'autres services essentiels ?

Stratégies de Monétisation :

- Comment concevoir une version premium qui ajoute une valeur significative pour inciter les utilisateurs à passer à la version payante ?

- Quels avantages spécifiques peuvent être proposés dans la version premium, tenant compte des préférences et des capacités financières locales ?

Accessibilité Financière :

- Comment garantir que la version premium reste abordable pour le public local ?

- Quelles stratégies de tarification peuvent être mises en place pour rendre la version payante accessible à un large éventail d'utilisateurs congolais ?

Intégration de Services Locaux :

- Comment le modèle freemium peut-il intégrer des services locaux pertinents qui correspondent aux réalités économiques et culturelles du Congo-Brazzaville ?

- Comment favoriser la collaboration avec des partenaires locaux pour enrichir l'offre de services ?

Stratégies Marketing Localisées :

- Quelles approches de marketing sont les plus efficaces pour promouvoir le modèle freemium dans la région ?

- Comment adapter les campagnes publicitaires pour refléter les valeurs culturelles et les préférences des consommateurs congolais ?

En repensant le modèle freemium pour l'Afrique centrale, il est essentiel de comprendre les besoins spécifiques de la population locale et de créer une proposition de valeur qui résonne avec les réalités du Congo-Brazzaville, favorisant ainsi l'adoption et la fidélisation des utilisateurs.

2. Publicité en Ligne et Diversité Culturelle :
Comment la publicité en ligne peut-elle être
optimisée pour refléter la diversité culturelle de
l'Afrique centrale tout en garantissant des
campagnes publicitaires efficaces ?

L'économie numérique, avec ses modèles
économiques innovants, influence de manière
significative le paysage commercial mondial.
Cependant, il est crucial d'analyser comment ces
modèles s'adaptent au contexte spécifique de
l'Afrique centrale, en particulier du Congo-
Brazzaville.

1. Le Modèle Freemium revisité en Afrique Centrale
:

Le modèle freemium, basé sur l'offre d'une version
de base gratuite et d'une version premium payante,
doit être repensé pour répondre aux réalités locales.
En tenant compte de l'absence d'Uber au Congo,
des alternatives locales comme YANGO montrent
comment adapter ce modèle pour offrir des services
de base gratuits, tout en personnalisant la version
premium pour répondre aux besoins locaux.
Comment ces ajustements peuvent-ils être réalisés
de manière à stimuler l'adoption tout en
garantissant une viabilité économique ?

2. Publicité en Ligne et Diversité Culturelle en Afrique Centrale :

La publicité en ligne doit naviguer dans le riche tissu culturel de l'Afrique centrale. En tenant compte de la diversité linguistique et culturelle du Congo-Brazzaville, comment les campagnes publicitaires peuvent-elles être optimisées pour être à la fois culturellement inclusives et efficaces ? Cela implique de comprendre les nuances culturelles, d'assurer une représentation diversifiée, d'utiliser les langues locales de manière appropriée, et de choisir les canaux de diffusion en ligne adaptés. Comment ces éléments peuvent-ils être intégrés pour créer des campagnes qui résonnent véritablement avec la population locale ?

L'adaptation de ces modèles économiques à l'Afrique centrale nécessite une compréhension profonde des dynamiques locales, des préférences culturelles et des conditions économiques spécifiques. Ce chapitre explore ces ajustements et propose des stratégies pour tirer pleinement parti des opportunités offertes par l'économie numérique dans la région.

3. Économie de Partage et Besoins Locaux : En mettant en relation offreurs de services et consommateurs, comment les plateformes de l'économie de partage peuvent-elles répondre aux besoins spécifiques de la population locale ?

3. Économie de Partage et Besoins Locaux en
Afrique Centrale :

L'économie de partage, représentée par des
plateformes mettant en relation offreurs de services
et consommateurs, doit être examinée sous l'angle
des besoins spécifiques de la population locale en
Afrique centrale, notamment au Congo-Brazzaville.

La question cruciale est de savoir comment ces
plateformes peuvent être adaptées pour répondre
aux réalités locales et aux besoins spécifiques de la
population. Cela implique de considérer la nature
des services proposés sur ces plateformes,
comment ils peuvent être pertinents dans le
contexte local, et comment les modèles de
tarification peuvent être ajustés pour rester
accessibles tout en assurant une rémunération
équitable pour les prestataires de services.
Comment les plateformes peuvent-elles intégrer des
éléments de la culture locale dans leur
fonctionnement, assurant ainsi une expérience
authentique pour les utilisateurs ?

En explorant ces questions, ce chapitre offre des
perspectives sur la manière dont l'économie de
partage peut évoluer pour mieux répondre aux
besoins uniques de l'Afrique centrale, contribuant

ainsi à son développement économique tout en respectant les dynamiques locales.

4. Abonnements et Accessibilité : Comment rendre les modèles d'abonnement plus accessibles dans une région où les préférences de paiement et les réalités économiques peuvent différer ?

4. Abonnements et Accessibilité en Afrique Centrale :

L'adoption de modèles d'abonnement dans le contexte de l'Afrique centrale nécessite une réflexion approfondie sur la question de l'accessibilité. Comment rendre ces modèles plus inclusifs dans une région où les préférences de paiement et les réalités économiques peuvent différer significativement ?

Une approche pertinente serait d'explorer des options de tarification flexibles, adaptées aux capacités financières de la population locale. Cela pourrait impliquer la création de formules d'abonnement avec des coûts plus bas, des cycles de facturation flexibles ou des modalités de paiement alternatives. Comment les entreprises peuvent-elles collaborer avec les prestataires de services financiers locaux pour développer des solutions de paiement adaptées à la région ?

Ce chapitre propose des stratégies pour surmonter les obstacles liés à la différence des conditions économiques, garantissant ainsi que les modèles d'abonnement contribuent effectivement à l'économie numérique de l'Afrique centrale tout en restant accessibles à une plus large partie de la population.

5. Agrégation de Données et Respect de la Vie Privée : Dans un environnement où les préoccupations liées à la vie privée sont cruciales, comment les entreprises peuvent-elles agréger et utiliser les données tout en respectant les normes et les valeurs locales ?

5. Agrégation de Données et Respect de la Vie Privée en Afrique Centrale :

La question du respect de la vie privée revêt une importance particulière dans l'environnement social de l'Afrique centrale. Comment les entreprises peuvent-elles naviguer dans le paysage délicat de l'agrégation de données tout en respectant les normes et les valeurs locales liées à la vie privée ?

Ce chapitre explore des approches éthiques et juridiques pour la collecte, l'agrégation et l'utilisation des données dans le respect des régulations locales et des attentes en matière de vie privée. Comment les entreprises peuvent-elles collaborer avec les gouvernements et les organisations locales pour élaborer des politiques de données transparentes et respectueuses de la vie privée ? Quelles technologies peuvent être mises en place pour renforcer la sécurité des données tout en garantissant la confidentialité des individus ?

Il s'agit d'une analyse approfondie des implications éthiques de l'agrégation de données dans le contexte africain, offrant des recommandations pratiques pour les entreprises souhaitant prospérer tout en respectant les valeurs et les normes culturelles locales.

6. Analyse de Données et IA au Service du Développement : Comment l'analyse de données et l'intelligence artificielle peuvent-elles être mises au service du développement économique et social de la région ?

Dans un contexte où le développement économique et social est une priorité, comment l'analyse de données et l'intelligence artificielle (IA) peuvent-elles être déployées pour stimuler la croissance et améliorer les conditions de vie en Afrique centrale ?

Ce chapitre explore les applications spécifiques de l'analyse de données et de l'IA dans des domaines tels que la santé, l'éducation, l'agriculture et le développement des infrastructures. Comment ces technologies peuvent-elles être adaptées pour résoudre des problèmes locaux urgents ? Quelles collaborations entre le secteur privé, les gouvernements et les organisations internationales peuvent favoriser l'utilisation éthique et efficace de l'analyse de données et de l'IA dans la région ?

En examinant des cas concrets et des initiatives existantes, ce chapitre offre une vision approfondie des opportunités qu'offrent l'analyse de données et l'IA pour le développement durable en Afrique centrale. Des recommandations pratiques sont également formulées pour guider les parties prenantes intéressées par ces technologies au service du bien commun.

Explorez avec nous les adaptations nécessaires pour intégrer ces modèles économiques dans le tissu économique et social unique de l'Afrique centrale, façonnant ainsi l'avenir de l'économie numérique dans cette région prometteuse.

CHAPITRE 3

LES PLATEFORMES DE L'ECONOMIE NUMERIQUE ET LEUR IMPACT SUR L'ECONOMIE MONDIALE

Les plateformes de l'économie numérique sont des entreprises qui fournissent une infrastructure technologique permettant de mettre en relation des acheteurs et des vendeurs ou des consommateurs et des producteurs de services. Ces plateformes peuvent prendre différentes formes, notamment des sites de commerce électronique, des plateformes de partage de ressources ou des réseaux sociaux. Les exemples de plateformes de l'économie numérique incluent des entreprises comme Uber, Airbnb, Amazon, Alibaba et Facebook.

Les plateformes de l'économie numérique ont eu un impact significatif sur l'économie mondiale. Voici quelques-uns des principaux effets observés :

Croissance économique : Les plateformes de l'économie numérique ont stimulé la croissance économique en créant de nouveaux marchés, en augmentant la concurrence et en réduisant les coûts de transaction. En outre, les plateformes de l'économie numérique ont permis à de nombreuses petites entreprises de se connecter avec des clients à travers le monde, leur permettant ainsi de se développer rapidement.

Transformation de l'emploi : Les plateformes de l'économie numérique ont créé de nouveaux emplois et modifié la nature des emplois existants. Les travailleurs indépendants peuvent trouver plus facilement des emplois via des plateformes de mise en relation de travailleurs et d'employeurs, mais ces emplois sont souvent plus précaires et moins rémunérateurs que les emplois traditionnels.

Impact sur les industries traditionnelles : Les plateformes de l'économie numérique ont perturbé les industries traditionnelles, telles que les taxis et l'hôtellerie, en offrant des alternatives moins chères et plus pratiques pour les consommateurs. Ces perturbations ont souvent été la source de conflits avec les industries établies, mais ont également stimulé l'innovation.

Collecte de données : Les plateformes de l'économie numérique ont accès à de grandes quantités de données sur les utilisateurs et les comportements de consommation. Ces données peuvent être utilisées pour offrir des produits et des services plus personnalisés, mais soulèvent également des questions de vie privée et de sécurité.

En somme, les plateformes de l'économie numérique ont transformé la façon dont les entreprises créent, livrent et captent de la valeur, avec des impacts significatifs sur l'économie mondiale, l'emploi et les industries traditionnelles.

Chapitre 3 : Les Plateformes de l'Économie Numérique et Leur Impact sur l'Économie Mondiale : La Particularité en Afrique

Au cœur de l'économie mondiale, les plateformes de l'économie numérique ont remodelé la manière dont le commerce et les services sont délivrés. Cependant, en Afrique, cette révolution numérique prend une teinte unique, apportant des défis et des opportunités spécifiques.

1. Croissance Économique et Connectivité Africaine : Comment les plateformes numériques facilitent-elles la croissance des entreprises en Afrique, en particulier celles des petites et moyennes entreprises, tout en favorisant la connectivité mondiale ?

   l'influence des plateformes numériques sur la croissance économique en Afrique, en mettant particulièrement l'accent sur les petites et moyennes entreprises (PME).

Comment ces plateformes ont-elles ouvert de nouvelles opportunités pour les entrepreneurs africains ? Quel rôle jouent-elles dans la facilitation des échanges commerciaux intra et extra continentaux ?

En examinant des exemples concrets d'entreprises africaines qui ont prospéré grâce aux plateformes numériques, nous analyserons également les défis uniques auxquels ces entreprises sont confrontées, tels que l'accès limité à Internet, la logistique et les questions de paiement. Des études de cas illustreront comment la connectivité mondiale, rendue possible par ces plateformes, peut être un catalyseur puissant pour l'autonomisation économique en Afrique.

Les recommandations formulées dans ce chapitre visent à guider les gouvernements, les organisations internationales et le secteur privé dans la création d'un environnement favorable à l'essor continu des entreprises africaines à l'ère de l'économie numérique.

2. Transformation de l'Emploi et Économie Informelle : Face à la nature changeante de l'emploi numérique, comment l'Afrique s'adapte-t-elle pour intégrer ces nouveaux modèles tout en préservant la stabilité de l'emploi ?

Ce segment du chapitre plongera dans l'impact des plateformes numériques sur le paysage de l'emploi en Afrique, mettant en lumière la transformation rapide des modèles traditionnels vers des formes d'emploi numérique. Comment ces nouvelles formes d'emploi affectent-elles l'économie informelle, qui représente une part significative de l'activité économique sur le continent ?

En se basant sur des études de cas et des exemples concrets, nous examinerons les opportunités et les défis associés à cette transition, notamment la nécessité d'adaptation des compétences, les questions de sécurité sociale et les implications pour la stabilité de l'emploi. Des recommandations seront élaborées pour guider les décideurs politiques dans la création de politiques d'emploi flexibles et équilibrées qui favorisent la transition vers une économie numérique sans compromettre la sécurité et le bien-être des travailleurs.

3. Perturbations Sectorielles et Innovations Locales : En perturbant les industries traditionnelles, quelles innovations locales émergent en Afrique pour répondre aux besoins spécifiques du continent tout en favorisant la compétitivité ?

ÉTUDE DE CAS 1 : L'Industrie de la Musique en Afrique de l'Ouest

L'arrivée de plateformes de streaming musical a bouleversé l'industrie de la musique en Afrique de l'Ouest. Des entreprises telles que Boomplay ont émergé en tant que plateformes locales, offrant une vaste bibliothèque de musique africaine. Comment ces plateformes ont-elles réussi à s'adapter aux préférences musicales locales, favorisant ainsi la croissance des artistes régionaux ? Nous examinerons les modèles de monétisation créatifs, les partenariats locaux et l'utilisation de l'analyse de données pour personnaliser l'expérience musicale.

ÉTUDE DE CAS 2 : Le Commerce Électronique dans le Secteur Agricole

L'intégration de plateformes de commerce électronique a transformé la manière dont les produits agricoles sont commercialisés en Afrique. Des entreprises comme Twiga Foods au Kenya ont créé des marchés en ligne reliant directement les agriculteurs aux consommateurs. Comment ces plateformes stimulent-elles la croissance des petites exploitations agricoles tout en garantissant une chaîne d'approvisionnement efficace et transparente ? Nous analyserons les défis rencontrés et les opportunités créées pour les acteurs locaux.

Ce volet du chapitre examinera de près la manière dont les plateformes de l'économie numérique perturbent les industries traditionnelles en Afrique. En se penchant sur des secteurs spécifiques, nous explorerons les innovations locales qui émergent en réponse à ces perturbations. Comment les entreprises africaines s'adaptent-elles pour rester compétitives face à l'arrivée de plateformes numériques mondiales ?

Des études de cas détaillées illustreront les dynamiques sectorielles, mettant en évidence les entreprises locales qui prospèrent grâce à des modèles innovants et adaptatifs. Les implications pour l'économie locale et les leçons à tirer seront discutées, offrant une perspective holistique sur la manière dont les innovations locales peuvent non seulement répondre aux besoins du continent, mais aussi stimuler la compétitivité à l'échelle mondiale.

ÉTUDE DE CAS 3 : L'Éducation en Ligne en Afrique Australe

La montée des plateformes d'éducation en ligne, telles que Siyavula en Afrique du Sud, a eu un impact significatif sur l'accès à l'éducation. Comment ces plateformes s'adaptent-elles aux réalités éducatives locales, tenant compte des diversités linguistiques et des besoins éducatifs spécifiques ? Nous explorerons les innovations pédagogiques, les partenariats avec les établissements d'enseignement traditionnels et l'accessibilité accrue à l'éducation.

Chaque étude de cas mettra en lumière les adaptations locales, les réussites et les défis rencontrés, offrant une perspective approfondie sur la manière dont les plateformes numériques perturbent et transforment divers secteurs en Afrique.

4. Collecte de Données et Respect des Normes Locales : Comment les plateformes gèrent-elles la collecte de données en Afrique, en tenant compte des réalités culturelles et des préoccupations en matière de vie privée spécifiques à la région ?

L'émergence des plateformes FinTech en Afrique a considérablement transformé le paysage financier, offrant des services tels que les paiements mobiles et la microfinance. Des entreprises comme M-Pesa au Kenya ont réussi à créer des modèles financiers innovants, mais comment gèrent-elles la collecte de données dans un environnement où les normes et les attentes en matière de confidentialité peuvent différer de celles des marchés occidentaux ? Cette étude de cas examinera les politiques de confidentialité, les pratiques de collecte de données transparentes et les mesures prises pour respecter les normes locales.

Cette étude permettra de comprendre comment les plateformes FinTech s'adaptent aux contextes africains, en veillant à la protection des données tout en offrant des services financiers innovants. Elle explorera également les opportunités et les défis associés à la collecte de données dans le secteur FinTech en Afrique.

5. Accès Numérique et Inclusion : Alors que les plateformes se développent, comment l'A

frique garantit-elle un accès équitable aux avantages de l'économie numérique, en veillant à ne pas laisser de côtés les populations marginalisées ?

ÉTUDE DE CAS 5 : Projet d'Inclusion Numérique en Afrique Subsaharienne

L'accès numérique en Afrique subsaharienne reste une question cruciale pour garantir que les avantages de l'économie numérique profitent à tous, y compris aux populations marginalisées. Cette étude de cas se penchera sur un projet d'inclusion numérique mis en œuvre dans plusieurs pays de la région.

En examinant les initiatives visant à fournir un accès Internet abordable, des dispositifs numériques et une formation aux communautés rurales et marginalisées, cette étude de cas évaluera l'impact de ces projets sur l'inclusion économique. Elle analysera également les partenariats public-privé qui soutiennent de telles initiatives et les défis rencontrés pour garantir un accès équitable aux opportunités numériques.

L'objectif est de comprendre comment les gouvernements, les entreprises et les organisations à but non lucratif collaborent pour surmonter les obstacles à l'accès numérique et favoriser l'inclusion, contribuant ainsi au développement économique durable de la région.

6. Entrepreneuriat Numérique et Potentiel Local : Quel rôle les plateformes jouent-elles dans le soutien à l'entrepreneuriat numérique en Afrique, en capitalisant sur le potentiel local pour stimuler l'innovation et la croissance économique ?

Explorez avec nous la particularité africaine dans l'ère des plateformes de l'économie numérique, où les dynamiques uniques du continent façonnent l'impact de cette révolution technologique sur

l'économie locale, l'emploi et les perspectives
d'avenir.

CHAPITRE 4

LES TENDANCES ACTUELLES DE L'ÉCONOMIE NUMÉRIQUE ET LES PERSPECTIVES FUTURES

Les tendances actuelles de l'économie numérique sont marquées par des développements technologiques rapides et une adoption croissante de la numérisation à tous les niveaux de l'économie. Voici quelques-unes des tendances les plus marquantes :

L'intelligence artificielle (IA) : L'IA est en train de transformer de nombreux secteurs de l'économie, en permettant de nouvelles formes d'automatisation et de personnalisation des produits et des services. L'IA permet également de traiter des quantités massives de données, ce qui peut aider à identifier des tendances et des opportunités de marché.

La blockchain : La blockchain est une technologie de registre distribué qui permet de stocker et de partager des informations de manière sécurisée et transparente. Elle peut être utilisée dans de nombreux secteurs pour améliorer l'efficacité et réduire les coûts de transaction.

L'Internet des Objets (IoT) : L'IoT est une tendance émergente qui consiste à connecter des objets du quotidien à Internet, permettant ainsi de nouvelles formes d'interaction et d'automatisation. L'IoT peut également aider les entreprises à collecter des données en temps réel sur les comportements des consommateurs.

Le cloud computing : Le cloud computing est une technologie qui permet de stocker et d'accéder à des données et des applications sur des serveurs distants, plutôt que sur un ordinateur local. Cette technologie permet aux entreprises de réduire les coûts et d'améliorer la flexibilité de leurs opérations.

En termes de perspectives futures, l'économie numérique devrait continuer à se développer rapidement, avec l'émergence de nouvelles technologies et de nouveaux modèles d'affaires. Cependant, il y a également des préoccupations croissantes concernant la sécurité des données, la protection de la vie privée et la réglementation de l'utilisation des technologies numériques. Les entreprises et les gouvernements devront travailler ensemble pour trouver des solutions à ces problèmes, tout en exploitant les opportunités offertes par la numérisation pour stimuler la croissance économique et améliorer la qualité de vie des gens.

-Tendances Numériques en Afrique et Perspectives pour le Congo-Brazzaville

Décryptez les tendances actuelles de l'économie numérique en Afrique, avec un focus particulier sur les perspectives pour le Congo-Brazzaville.

1. Intelligence Artificielle (IA) en Contexte Africain : Explorez comment l'IA peut être adaptée pour stimuler la croissance économique en Afrique et favoriser des solutions locales innovantes. Comment le Congo-Brazzaville peut-il intégrer l'IA pour résoudre des problèmes spécifiques à la région ?

L'intelligence artificielle (IA) représente une tendance majeure de l'économie numérique, offrant des opportunités significatives pour stimuler la croissance économique en Afrique, y compris au Congo-Brazzaville. Dans cette section, nous examinerons comment le Congo-Brazzaville peut tirer parti de l'IA pour résoudre des problèmes spécifiques à la région.

Adaptation de l'IA aux Besoins Locaux : L'IA peut être adaptée pour répondre aux besoins locaux en identifiant des domaines clés tels que la santé, l'agriculture, l'éducation et l'administration publique. En collaboration avec des experts locaux, des universités et des entreprises, le Congo-Brazzaville peut définir des cas d'utilisation spécifiques pour l'IA.

Exemple Concret : Prenons le secteur de la santé comme exemple. L'utilisation de l'IA dans l'analyse des données médicales peut contribuer à améliorer les diagnostics, à prédire les épidémies et à optimiser la gestion des ressources médicales. Des partenariats avec des entreprises spécialisées peuvent faciliter la mise en œuvre de solutions d'IA adaptées au contexte médical du Congo-Brazzaville.

Formation et Sensibilisation : Pour réussir dans l'intégration de l'IA, des programmes de formation et de sensibilisation sont essentiels. Des collaborations entre le gouvernement, les institutions éducatives et le secteur privé peuvent aider à former une main-d'œuvre locale capable de concevoir, de mettre en œuvre et de maintenir des solutions d'IA.

Défis à Surmonter : Bien que prometteuse, l'intégration de l'IA peut également présenter des défis tels que la disponibilité limitée de données, les contraintes budgétaires et les préoccupations éthiques. Il est crucial de mettre en place des cadres réglementaires adaptés et de sensibiliser la population pour assurer une adoption éthique et efficace de l'IA.

Cette analyse exploratoire vise à démontrer que l'IA peut être un catalyseur puissant pour la croissance économique au Congo-Brazzaville, à condition d'être adaptée de manière réfléchie aux réalités locales.

2. Blockchain pour le Développement : Découvrez comment la blockchain peut être un catalyseur pour le développement en Afrique, en améliorant la transparence et la fiabilité des transactions. Quelles applications spécifiques peuvent être envisagées pour le Congo-Brazzaville ?

La technologie de la blockchain offre un potentiel significatif pour le développement en Afrique, notamment au Congo-Brazzaville, en renforçant la transparence et la fiabilité des transactions. Cette section explore les applications spécifiques envisageables pour le Congo-Brazzaville.

1. Gestion Transparente des Ressources Naturelles : Le Congo-Brazzaville, doté de ressources naturelles importantes, peut utiliser la blockchain pour assurer une gestion transparente des ressources. En enregistrant les transactions liées à l'exploitation forestière, minière et pétrolière sur une blockchain, le pays peut garantir la traçabilité des revenus, réduire la

corruption et renforcer la confiance des investisseurs.

2. Systèmes de Paiement et Finance Décentralisée (DeFi) : La blockchain peut servir de base à des systèmes de paiement sécurisés et décentralisés. Au Congo-Brazzaville, où l'accès aux services bancaires peut être limité, la mise en place de solutions de finance décentralisée peut favoriser l'inclusion financière. Des initiatives telles que des applications de portefeuille numérique basées sur la blockchain peuvent permettre des transactions rapides et sécurisées.

3. Authentification des Documents : La blockchain peut être utilisée pour l'authentification des documents officiels tels que les certificats de propriété, les actes de naissance et les diplômes. Cela contribuerait à réduire les cas de contrefaçon et à garantir l'intégrité des informations essentielles.

4. Chaînes d'Approvisionnement Transparentes : Pour les secteurs agricoles et manufacturiers, l'utilisation de la blockchain dans la gestion des chaînes d'approvisionnement peut assurer la traçabilité des produits, de la ferme à la table. Cela peut renforcer la confiance des consommateurs locaux et internationaux.

5. Initiatives de Santé Publique : La blockchain peut être intégrée dans les systèmes de gestion de la santé pour assurer la traçabilité des médicaments, optimiser la distribution des fournitures médicales et garantir la confidentialité des données médicales.

6. Registres Fonciers Décentralisés : En utilisant la blockchain pour enregistrer les transactions immobilières, le Congo-Brazzaville peut renforcer la sécurité des transactions, réduire les litiges fonciers et faciliter le développement urbain planifié.

Pour concrétiser ces applications, des collaborations entre le gouvernement, le secteur privé et les experts en blockchain seront essentielles. Il faudra également relever des défis tels que l'éducation des parties prenantes et la garantie de la sécurité des données. La blockchain, bien appliquée, peut être un véritable moteur de développement au Congo-Brazzaville.

3. Internet des Objets (IoT) au Service des Communautés : Analysez comment l'IoT peut répondre aux besoins locaux en Afrique, en favorisant une collecte de données pertinente pour le Congo-Brazzaville. En quoi l'IoT peut-il

contribuer au développement durable dans la région ?

L'Internet des Objets (IoT) pour un Développement Durable au Congo-Brazzaville

L'intégration de l'Internet des Objets (IoT) au Congo-Brazzaville peut être un catalyseur puissant pour répondre aux besoins locaux et favoriser le développement durable. Explorons comment l'IoT peut être appliqué dans cette région spécifique.

1. Agriculture Intelligente : L'IoT peut être utilisé pour mettre en œuvre des solutions d'agriculture intelligente, permettant aux agriculteurs de surveiller les conditions météorologiques, le sol et les cultures en temps réel. Cela contribuerait à une gestion plus efficace des ressources agricoles, à des rendements accrus et à une meilleure résilience face aux changements climatiques.

2. Gestion des Ressources en Eau : Dans un contexte où l'accès à l'eau potable peut être un défi, l'IoT peut être déployé pour surveiller la qualité de l'eau, optimiser l'utilisation des ressources en eau et détecter les fuites dans les

infrastructures, contribuant ainsi à une gestion durable des ressources hydriques.

3. Santé Connectée : Les dispositifs IoT peuvent être utilisés dans le secteur de la santé pour surveiller à distance des paramètres vitaux, faciliter le suivi des épidémies et améliorer la prestation des soins de santé. Cela pourrait être particulièrement bénéfique dans les zones éloignées où l'accès aux services de santé est limité.

4. Gestion des Déchets : L'IoT peut être appliqué pour optimiser la collecte des déchets, surveiller les niveaux de remplissage des bacs, et planifier des itinéraires plus efficaces pour les camions de collecte. Cela contribuerait à des pratiques de gestion des déchets plus durables.

5. Énergie Intelligente : Les solutions IoT peuvent être déployées pour surveiller et optimiser la consommation d'énergie. Cela peut inclure la gestion intelligente de l'éclairage public, des bâtiments et des réseaux d'énergie, contribuant ainsi à la réduction des coûts et à une utilisation plus efficace de l'énergie.

6. Surveillance Environnementale : L'IoT peut être utilisé pour surveiller les paramètres

environnementaux tels que la qualité de l'air, la biodiversité et les niveaux de pollution. Cela fournirait des données cruciales pour la prise de décision en matière de conservation et de protection de l'environnement.

L'adoption réussie de l'IoT au Congo-Brazzaville nécessiterait des investissements dans l'infrastructure, la formation des acteurs locaux et la garantie de la sécurité des données. Cependant, les avantages potentiels en termes de développement durable et d'amélioration de la qualité de vie peuvent être significatifs.

4. Cloud Computing et Accessibilité : Explorez comment le cloud computing peut être une force motrice pour l'accessibilité des services numériques en Afrique. Comment le Congo-Brazzaville peut-il exploiter le cloud pour améliorer la connectivité et la flexibilité de ses opérations ?

Le Cloud Computing pour l'Accessibilité Numérique au Congo-Brazzaville

Le Cloud Computing offre une opportunité significative d'améliorer l'accessibilité des services numériques au Congo-Brazzaville. Voici comment le pays peut exploiter le cloud pour renforcer sa connectivité et accroître la flexibilité de ses opérations.

1. Infrastructure Virtuelle : En optant pour des services de cloud computing, le Congo-Brazzaville peut éliminer la nécessité de posséder une infrastructure physique coûteuse. Les ressources informatiques peuvent être provisionnées à la demande, permettant aux entreprises et aux institutions d'éviter des investissements initiaux importants.

2. Flexibilité Opérationnelle : Le cloud offre une flexibilité opérationnelle en permettant aux organisations de rapidement monter en échelle ou réduire leurs ressources en fonction des besoins. Cela est particulièrement avantageux dans un contexte où les demandes peuvent varier de manière significative.

3. Accessibilité des Services : En déployant des applications et des services via le cloud, le Congo-Brazzaville peut améliorer l'accessibilité. Les utilisateurs finaux peuvent accéder aux applications depuis n'importe quel endroit avec une connexion Internet, favorisant ainsi l'inclusion numérique.

4. Sécurité des Données : Les services de cloud computing offrent souvent des mesures de sécurité avancées. En choisissant des

fournisseurs de cloud réputés, le Congo-Brazzaville peut renforcer la sécurité de ses données, ce qui est crucial dans un environnement numérique en constante évolution.

5. Collaboration Améliorée : Le cloud facilite la collaboration en permettant le partage rapide et sécurisé d'informations entre les parties prenantes. Cela peut être bénéfique pour les initiatives gouvernementales, les projets de recherche et le développement économique.

6. Réduction des Coûts : En évitant l'achat et la maintenance d'infrastructures coûteuses, le cloud computing peut aider à réduire les coûts opérationnels. Cela libère des ressources financières pour d'autres investissements stratégiques.

Pour tirer pleinement parti du cloud computing, le Congo-Brazzaville devrait élaborer des politiques et des réglementations favorables, encourager la formation des professionnels de l'informatique et garantir une connectivité Internet robuste sur l'ensemble du territoire. L'adoption du cloud peut être un catalyseur majeur pour l'économie numérique et la croissance durable au Congo-Brazzaville.

Perspectives pour le Congo-Brazzaville :
Anticipez comment ces tendances spécifiques
peuvent façonner l'économie numérique du
Congo-Brazzaville. Quelles opportunités ces
avancées offrent-elles pour la croissance
économique, l'emploi et le bien-être de la
population ?

Ce chapitre offre un regard ciblé sur les
tendances numériques en Afrique, en mettant en
lumière les opportunités et les défis particuliers
qui se présentent au Congo-Brazzaville. Plongez
dans l'avenir numérique de la région et explorez
les voies vers une prospérité numérique durable.

CHAPITRE 5

LES TECHNOLOGIES CLES DE L'ECONOMIE NUMERIQUE (IA, BLOCKCHAIN, IOT, ETC.)

L'économie numérique est alimentée par plusieurs technologies clés, dont voici les principales :

L'intelligence artificielle (IA) : L'IA est une technologie qui permet aux ordinateurs d'apprendre à partir de données et de prendre des décisions en fonction de modèles préétablis. L'IA peut être utilisée pour automatiser des tâches répétitives, améliorer la personnalisation des produits et services, et aider à détecter des tendances et des opportunités de marché.

La blockchain : La blockchain est une technologie de registre distribué qui permet de stocker et de partager des informations de manière sécurisée et transparente. Elle peut être utilisée dans de nombreux secteurs pour améliorer l'efficacité et la transparence des transactions.

L'Internet des Objets (IoT) : L'IoT est une tendance émergente qui consiste à connecter des objets du quotidien à Internet, permettant ainsi de nouvelles formes d'interaction et d'automatisation. L'IoT peut également aider les entreprises à collecter des données en temps réel sur les comportements des consommateurs.

Le cloud computing : Le cloud computing est une technologie qui permet de stocker et d'accéder à des données et des applications sur des serveurs distants, plutôt que sur un ordinateur local. Cette technologie permet aux entreprises de réduire les coûts et d'améliorer la flexibilité de leurs opérations.

La réalité virtuelle et augmentée : La réalité virtuelle et augmentée permettent aux utilisateurs d'interagir avec des environnements numériques en temps réel, offrant ainsi de nouvelles formes d'expérience utilisateur et de marketing.

La 5G : La 5G est une technologie de réseau sans fil qui offre des vitesses de connexion plus rapides et une capacité accrue, ce qui permettra de nouveaux types d'applications et de services, tels que la réalité virtuelle en temps réel, la voiture autonome et l'Internet des objets.

Ces technologies continueront à évoluer rapidement, offrant ainsi de nouvelles opportunités et de nouveaux défis pour les entreprises et les gouvernements.

- En tirant des leçons des pays d'Afrique à fort développement économique, il est possible de dégager des enseignements précieux pour optimiser l'adoption et l'intégration des technologies clés de l'économie numérique sur le continent. Voici quelques leçons à considérer :

1. Contextualisation des Technologies : Adapter les technologies à la réalité spécifique de chaque pays d'Afrique est essentiel. Comprendre les besoins locaux, les infrastructures existantes et les défis uniques permet d'optimiser l'application de l'IA, de la blockchain, de l'IoT, etc., pour répondre aux besoins locaux.

2. Infrastructure et Connectivité : Investir dans une infrastructure robuste et une connectivité fiable est fondamental. Les pays qui ont réussi à développer une connectivité large et stable ont créé un environnement propice à l'adoption de technologies numériques, facilitant ainsi la transformation économique.

3. Formation et Acquisition de Compétences : Mettre en place des programmes de formation adaptés aux nouvelles technologies est crucial. Les pays prospères ont investi dans le développement des compétences nécessaires pour tirer pleinement

parti des technologies émergentes, assurant ainsi une main-d'œuvre qualifiée.

4. Partenariats Public-Privé : Encourager les partenariats entre les secteurs public et privé est une stratégie efficace. Les pays qui ont réussi ont instauré des collaborations fructueuses entre le gouvernement, les entreprises et les acteurs de la société civile pour favoriser l'innovation et la croissance.

5. Politiques Favorables à l'Innovation : Mettre en place des politiques gouvernementales favorables à l'innovation est essentiel. Des incitations fiscales, des réglementations claires et un environnement propice aux start-ups encouragent le développement de solutions novatrices.

6. Inclusion Numérique : Garantir une inclusion numérique étendue est une priorité. Les pays qui ont réussi ont mis en place des initiatives visant à réduire la fracture numérique en offrant un accès abordable à la technologie et en sensibilisant sur son utilité.

7. Sécurité des Données : Accorder une attention particulière à la sécurité des données est cruciale. Des protocoles de sécurité robustes et des politiques de protection des données sont

nécessaires pour instaurer la confiance et assurer la confidentialité des informations.

En synthèse, le succès dans l'adoption des technologies clés de l'économie numérique en Afrique passe par une approche adaptée au contexte local, une collaboration entre les secteurs public et privé, et une attention particulière à la formation, à l'inclusion et à la sécurité. En s'inspirant des meilleures pratiques observées dans les pays d'Afrique à fort développement économique, d'autres nations du continent peuvent accélérer leur transformation numérique.

CHAPITRE 6

LES STARTUPS DE L'ECONOMIE NUMERIQUE : COMMENT LES CREER, LES FINANCER ET LES DEVELOPPER

Créer une startup de l'économie numérique nécessite une idée innovante, une équipe compétente et une stratégie de financement solide. Voici quelques étapes clés à suivre pour créer, financer et développer une startup de l'économie numérique :

Idée et validation : La première étape consiste à trouver une idée innovante qui répond à un besoin réel sur le marché. Il est important de faire une étude de marché pour valider l'idée et s'assurer qu'elle a un potentiel commercial.

Plan d'affaires : Une fois que l'idée est validée, il est important de créer un plan d'affaires détaillé qui inclut une analyse de marché, une stratégie de marketing, un modèle économique et une projection financière.

Équipe et compétences : Une équipe compétente est essentielle pour développer une startup de l'économie numérique. Il est important de recruter des personnes ayant des compétences techniques, commerciales et en marketing.

Financement : Le financement est une étape clé pour le succès de la startup. Il existe plusieurs sources de financement, telles que le capital-risque, les subventions gouvernementales, le crowdfunding et les programmes d'accélération.

Développement : Une fois que la startup est financée, il est important de se concentrer sur le développement de l'entreprise en utilisant les ressources disponibles de manière efficace. Il est important de se concentrer sur le développement de produits ou services innovants qui répondent aux besoins des clients.

Croissance et expansion : Une fois que la startup a réussi à se développer, il est important de se concentrer sur la croissance et l'expansion en étendant son offre de produits ou services, en se développant sur de nouveaux marchés ou en acquérant de nouveaux clients.

En résumé, la création d'une startup de l'économie numérique nécessite une idée innovante, une équipe compétente et une stratégie de financement solide. Le succès de la startup dépendra de sa capacité à développer des produits ou services innovants, à répondre aux besoins des clients et à se développer rapidement pour atteindre de nouveaux marchés et clients.

- voici quelques conseils spécifiques pour créer, financer et développer une startup de l'économie numérique :

Création :

1. Identification du Problème : Commencez par identifier un problème concret dans le domaine de l'économie numérique que votre startup peut résoudre de manière innovante.

2. Prototypage Rapide : Élaborez rapidement un prototype ou un produit minimum viable (MVP) pour tester votre concept auprès des utilisateurs potentiels.

3. Réactivité aux Retours Utilisateurs : Soyez réactif aux retours des utilisateurs et ajustez votre produit en conséquence. L'itération rapide est souvent cruciale dans les startups numériques.

Financement :

1. Capital-Risque et Investisseurs : Explorez les opportunités de capital-risque en recherchant des investisseurs qui comprennent le secteur de l'économie numérique.

2. Subventions et Programmes d'Accélération :
Recherchez des subventions gouvernementales ou
des programmes d'accélération qui peuvent fournir
un financement initial et des ressources.

3. Crowdfunding : Considérez le crowdfunding
comme une option pour mobiliser des fonds tout en
générant de l'intérêt pour votre produit.

Développement :

1. Agilité et Flexibilité : Adoptez des méthodes de
développement agiles pour vous permettre de vous
adapter rapidement aux changements du marché.

2. Partenariats Stratégiques : Explorez des
partenariats stratégiques avec d'autres entreprises
du secteur numérique pour accéder à de nouvelles
ressources et opportunités.

3. Sécurité des Données : Intégrez des mesures de
sécurité robustes pour garantir la protection des
données de vos utilisateurs.

Croissance et Expansion :

1. Analyse de Données : Utilisez l'analyse de
données pour comprendre le comportement des
utilisateurs, identifier les opportunités de croissance
et prendre des décisions éclairées.

2. Marketing Numérique : Investissez dans des
stratégies de marketing numérique ciblées pour
accroître la visibilité de votre startup.

3. Expansion Internationale : Si possible, envisagez l'expansion internationale pour atteindre de nouveaux marchés et diversifier votre base d'utilisateurs.

En résumé, la réussite d'une startup de l'économie numérique repose sur la créativité, l'adaptabilité et la compréhension approfondie des besoins du marché. En combinant une idée solide, une équipe compétente et une stratégie bien pensée, votre startup peut avoir un impact significatif dans le monde numérique en constante évolution.

CHAPITRE 7

LES NOUVEAUX METIERS DE L'ECONOMIE NUMERIQUE ET LES COMPETENCES NECESSAIRES POUR LES EXERCER

L'économie numérique a créé de nombreux nouveaux métiers et a également transformé de nombreux métiers traditionnels. Les compétences requises pour ces nouveaux métiers sont souvent techniques et spécifiques, mais peuvent également inclure des compétences en communication, en marketing, en gestion de projet, en analyse de données, etc. Voici quelques exemples de nouveaux métiers de l'économie numérique et les compétences nécessaires pour les exercer :

Développeur web/mobile : Les développeurs web et mobile sont responsables de la création et de la maintenance des sites web et des applications mobiles. Les compétences requises incluent la programmation, la conception de bases de données, la gestion de projet et la résolution de problèmes.

Data scientist : Les data scientists sont responsables de l'analyse de grandes quantités de données pour trouver des tendances et des modèles. Les compétences requises incluent la maîtrise de l'analyse statistique, de la modélisation de données, de la programmation et de la visualisation des données.

Marketing digital : Les professionnels du marketing digital sont responsables de la promotion de produits et de services en utilisant des canaux en ligne tels que les médias sociaux, les moteurs de recherche et les publicités en ligne. Les compétences requises incluent la maîtrise des médias sociaux, de la publicité en ligne, de l'analyse de données et de la communication.

Designer UX/UI : Les designers UX/UI sont responsables de la conception de sites web et d'applications mobiles en veillant à ce qu'ils soient conviviaux et attractifs pour les utilisateurs. Les compétences requises incluent la maîtrise des outils de conception, la connaissance des tendances en matière de conception et la compréhension des besoins des utilisateurs.

Analyste de sécurité informatique : Les analystes de sécurité informatique sont responsables de la sécurité des systèmes informatiques et de la protection contre les cyberattaques. Les compétences requises incluent la maîtrise de la sécurité informatique, de la programmation, de l'analyse de données et de la gestion de projet.

En résumé, les nouveaux métiers de l'économie numérique nécessitent souvent des compétences techniques spécifiques, mais également des compétences en communication, en marketing, en gestion de projet et en analyse de données. Les professionnels de ces métiers doivent être en mesure de s'adapter rapidement aux nouvelles technologies et aux évolutions du marché pour rester compétitifs.

QUELQUES CONSEILS AUX GOUVERNEMENTS D'AFRIQUE

Pour permettre aux gouvernements de faire bénéficier la population des nouveaux métiers de l'économie numérique, plusieurs solutions et approches peuvent être envisagées :

1. Programmes de Formation et d'Éducation :

   - Mettre en place des programmes de formation axés sur les compétences numériques, en collaboration avec les établissements d'enseignement et les entreprises du secteur.

   - Favoriser l'accès à des cours en ligne et à des ressources éducatives pour permettre l'auto-formation.

2. Centres de Formation Professionnelle :

- Établir des centres de formation professionnelle spécifiquement dédiés aux compétences numériques, en mettant l'accent sur la pratique et les projets concrets.

- Collaborer avec des entreprises du secteur pour concevoir des programmes de formation alignés sur les besoins du marché du travail.

3. Partenariats Public-Privé :

- Établir des partenariats avec des entreprises du secteur privé pour créer des programmes de stage, d'apprentissage et d'emploi pour les personnes formées aux compétences numériques.

- Encourager les entreprises à participer à la conception et à la mise en œuvre de programmes de formation.

4. Incitations Fiscales pour les Entreprises :

- Offrir des incitations fiscales aux entreprises qui investissent dans des programmes de formation pour les employés et la population locale.

- Encourager les entreprises à soutenir financièrement des initiatives éducatives et de formation.

5. Initiatives d'Inclusion Numérique :

- Lancer des initiatives visant à réduire la fracture numérique en fournissant un accès abordable à Internet et à des dispositifs numériques.

- Faciliter l'accès aux ressources éducatives en ligne pour les populations dans les zones rurales ou défavorisées.

6. Soutien aux Entrepreneurs Numériques Locaux :

- Mettre en place des fonds de soutien aux start-ups et aux entrepreneurs du secteur numérique, en offrant des subventions, des prêts à faible taux d'intérêt ou des investissements directs.

- Créer des espaces de coworking et des incubateurs pour favoriser le développement des entreprises numériques locales.

7. Communication et Sensibilisation :

- Mettre en œuvre des campagnes de sensibilisation pour informer la population sur les opportunités offertes par les nouveaux métiers de l'économie numérique.

- Mettre en avant les témoignages de réussite d'individus ayant réussi à intégrer le secteur numérique.

En adoptant ces approches, les gouvernements peuvent favoriser l'inclusion numérique, développer des compétences pertinentes pour l'économie numérique et stimuler l'emploi dans les secteurs en croissance. Cela contribuera à assurer que les avantages de la révolution numérique sont accessibles à un large éventail de la population.

CHAPITRE 8

LES ENJEUX ETHIQUES ET SOCIAUX DE L'ECONOMIE NUMERIQUE

L'économie numérique soulève de nombreux enjeux éthiques et sociaux, notamment en ce qui concerne la vie privée, la sécurité des données, l'emploi, l'équité et l'accès à la technologie. Voici quelques exemples de ces enjeux :

Vie privée et sécurité des données : Les entreprises numériques collectent souvent des données sur les utilisateurs, ce qui peut poser des problèmes de confidentialité et de sécurité. Les utilisateurs peuvent ne pas être conscients de la quantité de données collectées à leur sujet, ou de la manière dont ces données sont utilisées.

Emploi : L'automatisation et la numérisation des emplois peuvent entraîner des pertes d'emplois dans certains secteurs. Il est important que les travailleurs soient formés aux compétences numériques pour rester compétitifs sur le marché du travail.

Équité : Les inégalités économiques et sociales peuvent être exacerbées par l'économie numérique, car certaines personnes n'ont pas accès à la technologie ou aux compétences numériques nécessaires pour réussir dans ce domaine.

Accès à la technologie : L'accès à la technologie est essentiel pour réussir dans l'économie numérique. Il est important que les gouvernements et les entreprises travaillent à réduire la fracture numérique en fournissant un accès équitable à la technologie et à la formation.

Biais algorithmique : Les algorithmes peuvent être biaisés en fonction des données qu'ils utilisent pour prendre des décisions. Cela peut entraîner des discriminations dans les processus de recrutement, de prêt, d'assurance et d'autres domaines.

- Les Enjeux Ethiques et Sociaux de l'Économie Numérique en Afrique Centrale, Focus sur le Congo-Brazzaville

L'économie numérique, en dépit de ses avantages, soulève des enjeux éthiques et sociaux majeurs, dont l'adaptabilité pour l'Afrique centrale et le Congo-Brazzaville mérite une attention particulière.

1. Vie Privée et Sécurité des Données :

Contexte Congo-Brazzaville : Sensibilisation accrue sur la protection de la vie privée et la sécurité des données, en particulier avec l'essor de la connectivité numérique. Nécessité de politiques de protection des données robustes.

2. Emploi :

Contexte Congo-Brazzaville : Importance de l'adaptation des compétences pour éviter des pertes d'emplois. Initiatives de formation numérique essentielles pour préparer la main-d'œuvre à l'évolution du marché.

3. Équité :

Contexte Congo-Brazzaville : Prévention des inégalités économiques accentuées par l'économie numérique. Promotion de l'accès équitable aux opportunités numériques pour tous les segments de la société.

4. Accès à la Technologie :

Contexte Congo-Brazzaville : Nécessité de réduire la fracture numérique en garantissant un accès équitable à la technologie et en facilitant la formation aux compétences numériques. Initiatives gouvernementales pour améliorer l'accessibilité.

5. Biais Algorithmique :

Contexte Congo-Brazzaville : Sensibilisation aux risques de biais algorithmique dans les processus décisionnels. Besoin de directives et de régulations pour assurer des pratiques équitables, en particulier dans les domaines tels que le recrutement et les services financiers.

Adaptabilité pour l'Afrique Centrale :

Renforcement des Infrastructures : Investir dans les infrastructures numériques pour garantir un accès équitable et fiable à Internet.

Programmes de Formation : Mettre en place des programmes de formation adaptés aux réalités locales pour favoriser l'acquisition de compétences numériques.

Sensibilisation et Éducation : Promouvoir la sensibilisation et l'éducation sur les enjeux éthiques liés à l'économie numérique, encourager des pratiques responsables.

En résumé, l'économie numérique soulève des enjeux éthiques et sociaux importants qui doivent être pris en compte par les entreprises, les gouvernements et les individus. Il est important de travailler à créer une économie numérique équitable, accessible et respectueuse de la vie privée et de la sécurité des données.

CHAPITRE 9

LES REGLEMENTATIONS ET LES POLITIQUES PUBLIQUES LIEES A L'ECONOMIE NUMERIQUE

Les réglementations et les politiques publiques liées à l'économie numérique sont des questions importantes pour les gouvernements du monde entier. Voici quelques exemples de réglementations et de politiques publiques liées à l'économie numérique :

Protection de la vie privée : Les gouvernements ont adopté des lois pour protéger la vie privée des utilisateurs en ligne, telles que le Règlement général sur la protection des données (RGPD) de l'Union européenne et le California Consumer Privacy Act (CCPA) aux États-Unis.

Neutralité du net : La neutralité du net est l'idée que tous les sites web et tous les services en ligne devraient être traités de la même manière par les fournisseurs d'accès Internet. Certains gouvernements ont adopté des lois pour maintenir la neutralité du net, tandis que d'autres ont choisi de ne pas le faire.

Taxation : Les gouvernements cherchent à s'adapter à l'économie numérique en mettant en place des politiques fiscales pour taxer les

entreprises numériques, comme la taxe GAFA
(Google, Apple, Facebook, Amazon) en France.

Cybercriminalité : Les gouvernements adoptent des
lois pour lutter contre la cybercriminalité, en
criminalisant les attaques de piratage informatique,
le vol de données et d'autres crimes en ligne.

Éducation et formation : Les gouvernements
peuvent financer des programmes de formation
pour aider les travailleurs à acquérir les
compétences numériques nécessaires pour réussir
dans l'économie numérique.

- Les Réglementations et les Politiques Publiques
Liées à l'Économie Numérique en Afrique,
Avantages pour les Congolais et les Africains

Les réglementations et politiques publiques jouent
un rôle crucial dans le développement de
l'économie numérique en Afrique, offrant ainsi des
avantages significatifs pour les Congolais et les
Africains en général.

1. Protection de la Vie Privée :

Atout pour les Africains : Des réglementations robustes sur la protection de la vie privée garantissent que les données personnelles des utilisateurs sont traitées de manière éthique. Cela renforce la confiance des utilisateurs dans l'utilisation des services numériques, favorisant ainsi une adoption plus large.

2. Neutralité du Net :

Atout pour les Africains : En maintenant la neutralité du net, les gouvernements africains peuvent garantir un accès équitable et non discriminatoire à Internet. Cela favorise l'inclusion numérique et assure que tous les acteurs, qu'ils soient grandes entreprises ou start-ups locales, ont un accès équitable aux utilisateurs.

3. Taxation :

Atout pour les Africains : L'instauration de politiques fiscales adaptées à l'économie numérique permet aux gouvernements de mobiliser des ressources financières pour investir dans des infrastructures numériques, des programmes éducatifs et d'autres initiatives bénéfiques pour la population.

4. Lutte Contre la Cybercriminalité :

Atout pour les Africains : Des lois efficaces contre la cybercriminalité assurent la sécurité en ligne des utilisateurs et créent un environnement numérique fiable pour les entreprises. Cela favorise la confiance des utilisateurs et encourage l'innovation dans le secteur numérique.

5. Éducation et Formation :

Atout pour les Africains : Les programmes de formation financés par le gouvernement offrent aux travailleurs africains la possibilité d'acquérir les compétences numériques nécessaires. Cela favorise l'employabilité, stimule la croissance économique et réduit la fracture numérique.

Adaptabilité pour l'Afrique :

Contexte Local : Les réglementations doivent être adaptées aux réalités africaines, prenant en compte la diversité culturelle, linguistique et économique du continent.

Inclusion des Populations Rurales : Les politiques doivent viser l'inclusion des populations rurales, en veillant à ce qu'elles bénéficient également des avantages de l'économie numérique.

En résumé, les réglementations et les politiques publiques liées à l'économie numérique sont un domaine en constante évolution et doivent s'adapter à l'évolution rapide de la technologie. Les gouvernements cherchent à protéger les utilisateurs en ligne, à maintenir la neutralité du net, à taxer les entreprises numériques, à lutter contre la

cybercriminalité et à fournir une formation en
compétences numériques.

CHAPITRE 10

LES BONNES PRATIQUES POUR RÉUSSIR DANS L'ÉCONOMIE NUMÉRIQUE

Voici quelques bonnes pratiques pour réussir dans l'économie numérique :

Être innovant : L'innovation est essentielle pour réussir dans l'économie numérique. Les entreprises doivent être constamment à la recherche de nouvelles idées et de nouveaux produits pour rester compétitives.

Être agile : L'agilité est importante pour s'adapter rapidement aux changements du marché. Les entreprises doivent être capables de pivoter rapidement si une idée ou un produit ne fonctionne pas.

Être orienté utilisateur : Les entreprises doivent se concentrer sur les besoins et les désirs des utilisateurs pour développer des produits et des services qui répondent à leurs besoins.

Être axé sur les données : Les entreprises doivent collecter et analyser des données pour comprendre les tendances du marché et les comportements des utilisateurs.

Avoir une présence en ligne forte : Les entreprises doivent avoir une présence en ligne forte pour atteindre leur public cible et se connecter avec les clients.

Investir dans la sécurité : La sécurité en ligne est un enjeu crucial pour les entreprises de l'économie numérique. Les entreprises doivent investir dans des mesures de sécurité pour protéger les données des clients et éviter les violations de sécurité.

Collaborer avec d'autres entreprises : La collaboration avec d'autres entreprises peut aider à développer des produits et des services innovants et à atteindre de nouveaux publics.

- Application et Mesure des Bonnes Pratiques dans l'Économie Numérique

La réussite dans l'économie numérique dépend de la mise en œuvre efficace de bonnes pratiques. Voici comment les appliquer et mesurer leur impact :

1. Être Innovant :

Application : Créer une culture d'innovation en encourageant la créativité, en organisant des sessions de brainstorming et en investissant dans la recherche et le développement.

Mesure : Suivre le nombre d'idées générées, les innovations mises en œuvre et l'impact sur la croissance de l'entreprise.

2. Être Agile :

Application : Adopter des méthodologies agiles, encourager le feedback continu, et mettre en place des processus flexibles pour s'adapter rapidement aux changements.

Mesure : Évaluer le temps nécessaire pour apporter des modifications, la fréquence des ajustements réussis et la satisfaction client.

3. Être Orienté Utilisateur :

Application : Utiliser des méthodes de recherche utilisateur, recueillir des retours d'utilisateurs, et intégrer ces informations dans le processus de développement.

Mesure : Analyser la satisfaction des utilisateurs, le taux de rétention et l'engagement pour évaluer la pertinence des produits et services.

4. Être Axé sur les Données :

Application : Mettre en place des outils d'analyse de données, former le personnel à l'utilisation de ces outils et intégrer les données dans le processus décisionnel.

Mesure : Suivre les indicateurs clés de performance (KPI), l'efficacité des campagnes marketing et l'évolution des comportements des utilisateurs.

5. Avoir une Présence en Ligne Forte :

Application : Investir dans un site web convivial, utiliser les réseaux sociaux de manière stratégique et optimiser le référencement pour une visibilité maximale.

Mesure : Surveiller le trafic en ligne, les conversions, et les retours des clients provenant des canaux en ligne.

6. Investir dans la Sécurité :

Application : Mettre en place des protocoles de sécurité, former le personnel à la cybersécurité et effectuer des audits réguliers.

Mesure : Suivre le nombre d'incidents de sécurité, la conformité aux normes de sécurité et la confiance des clients dans la protection de leurs données.

7. Collaborer avec d'Autres Entreprises :

Application : Identifier des partenaires stratégiques, participer à des collaborations sectorielles et promouvoir une culture de collaboration.

Mesure : Évaluer les partenariats concluants, les synergies créées et l'impact sur l'expansion du réseau.

En résumé, réussir dans l'économie numérique nécessite de l'innovation, de l'agilité, une orientation utilisateur, une orientation axée sur les données, une forte présence en ligne, un investissement dans la sécurité et la collaboration avec d'autres entreprises.

CHAPITRE 11

LES OUTILS ET LES TECHNIQUES POUR LA VEILLE ET L'ANALYSE DE L'ÉCONOMIE NUMÉRIQUE.

Voici quelques outils et techniques pour la veille et l'analyse de l'économie numérique :

Google Alertes : Google Alertes permet de recevoir des notifications par email chaque fois qu'un nouveau contenu est publié en ligne sur un sujet spécifique. Il est utile pour suivre les actualités sur les tendances et les développements de l'économie numérique.

Réseaux sociaux : Les réseaux sociaux tels que Twitter, LinkedIn et Reddit peuvent être utilisés pour suivre les discussions en ligne sur des sujets spécifiques liés à l'économie numérique.

Outils d'analyse web : Des outils tels que Google Analytics, SEMrush et SimilarWeb permettent de suivre et d'analyser le trafic de site web, les mots-clés, les performances des concurrents, etc.

Plateformes de veille technologique : Des plateformes telles que CB Insights, Gartner et Forrester fournissent des rapports et des analyses détaillés sur les tendances technologiques émergentes, les innovations et les prévisions.

Événements et conférences : Les événements et les conférences sur l'économie numérique offrent l'occasion de rencontrer des experts du secteur, d'échanger des idées et d'apprendre les dernières tendances et les meilleures pratiques.

Groupes de discussion en ligne : Des groupes de discussion en ligne tels que des forums de discussion et des groupes Facebook permettent de discuter avec d'autres professionnels de l'économie numérique, d'échanger des idées et d'apprendre des nouvelles pratiques.

Abonnements à des newsletters : Des newsletters telles que The Hustle, The Morning Brew et The Information sont des sources fiables pour recevoir des mises à jour sur l'économie numérique.

En résumé, la veille et l'analyse de l'économie numérique peuvent être effectuées en utilisant des outils tels que Google Alertes, les réseaux sociaux, les outils d'analyse web, les plateformes de veille technologique, les événements et conférences, les

groupes de discussion en ligne et les abonnements
à des newsletters.

- Intégration des Outils dans l'Économie, l'Éducation
et d'Autres Domaines

L'intégration des outils pour la veille et l'analyse de
l'économie numérique peut se faire de manière
stratégique dans divers domaines, y compris
l'économie, l'éducation et d'autres secteurs :

1. Dans l'Économie :

   - Veille Concurrentielle : Les entreprises peuvent
utiliser des outils d'analyse web et des plateformes
de veille technologique pour surveiller les activités
de leurs concurrents, identifier les tendances du
marché et ajuster leur stratégie en conséquence.

   - Formation des Employés : Proposer des
formations sur l'utilisation d'outils de veille et
d'analyse pour permettre aux employés de rester
informés des évolutions de l'économie numérique,
favorisant ainsi l'innovation et la compétitivité.

   - Collaboration Industrielle : Les organisations
peuvent participer à des groupes de discussion en

ligne et à des événements sectoriels pour collaborer avec d'autres acteurs du marché, partager des connaissances et stimuler des initiatives conjointes.

2. Dans l'Éducation et la Formation :

- Intégration dans les Cours : Les écoles et universités peuvent intégrer ces outils dans leurs programmes pour former les étudiants à la veille et à l'analyse de l'économie numérique, renforçant ainsi leurs compétences professionnelles.

- Partenariats avec l'Industrie : Établir des partenariats avec des entreprises de pointe pour permettre aux étudiants d'accéder à des données réelles, favorisant une expérience d'apprentissage pratique.

- Accès aux Ressources : Assurer l'accès à des abonnements à des newsletters et à des plateformes de veille pour que les étudiants et les enseignants restent au fait des dernières tendances.

3. Dans d'Autres Domaines :

- Gouvernement et Politiques : Les gouvernements peuvent utiliser ces outils pour informer leurs politiques économiques, favorisant ainsi un environnement propice à l'innovation et à la croissance numérique.

   - Santé : L'analyse des tendances de l'économie numérique peut aider le secteur de la santé à adopter des technologies émergentes, améliorant ainsi la prestation des soins de santé.

   - Organisations à But Non Lucratif : Les ONG peuvent utiliser ces outils pour sensibiliser aux enjeux numériques, mobiliser des ressources et mieux répondre aux besoins de leurs bénéficiaires.

Mesure de l'Impact :

   - Suivi des Indicateurs Clés : Mesurer l'impact à l'aide d'indicateurs tels que l'innovation, la compétitivité, la croissance économique, le taux d'adoption des nouvelles technologies, etc.

   - Feedback des Utilisateurs : Recueillir des retours d'utilisateurs dans les domaines de l'économie, de l'éducation et d'autres secteurs pour ajuster les stratégies en fonction des besoins réels.

   - Évaluations Régulières : Effectuer des évaluations régulières pour s'assurer que les outils sont utilisés de manière optimale et qu'ils apportent une réelle valeur ajoutée.

En adoptant une approche holistique, ces outils peuvent jouer un rôle crucial dans le façonnement d'une société informée, innovante et prospère dans l'économie numérique.

PARTIE II

CHAPITRE 1

LES CARACTERISTIQUES DE L'ECONOMIE NUMERIQUE

L'économie numérique présente plusieurs caractéristiques distinctives qui en font un environnement économique en constante évolution. Tout d'abord, elle se caractérise par la numérisation des activités économiques, qui consiste à utiliser des technologies de l'information et de la communication pour effectuer des activités telles que la production, la distribution et la consommation de biens et services. De plus, l'économie numérique se caractérise par une croissance exponentielle des données générées par les activités numériques, permettant d'obtenir des informations précieuses sur les comportements des consommateurs, les tendances du marché et les performances des entreprises.

L'importance de la connectivité globale est également une caractéristique essentielle de l'économie numérique, car elle permet une communication instantanée et une collaboration en temps réel entre les entreprises, les clients, les fournisseurs et les partenaires. Par ailleurs, l'innovation technologique constante est un aspect crucial de l'économie numérique, qui entraîne des changements rapides et profonds dans les activités économiques.

L'émergence de nouveaux modèles d'affaires est une autre caractéristique de l'économie numérique, tels que l'économie collaborative, l'économie du partage, l'économie de l'attention, etc., qui ont un impact sur les modes de production, de distribution et de consommation. Enfin, l'importance de la cybersécurité est une caractéristique clé de l'économie numérique, car les données numériques sont devenues une ressource stratégique pour les entreprises et les gouvernements, qui doivent les protéger contre les cyberattaques et les menaces numériques.

Les caractéristiques de l'économie numérique comprennent :

La numérisation : la numérisation est au cœur de l'économie numérique, car elle permet de transformer des biens et des services en données numériques pour être stockées, manipulées, échangées et consommées à distance.

- Elle est une caractéristique fondamentale de l'économie numérique, qui se définit par l'utilisation de technologies de l'information et de la communication pour effectuer des activités économiques telles que la production, la distribution et la consommation de biens et services. La numérisation a transformé de nombreux secteurs de l'économie, en automatisant les processus, en améliorant la productivité et en réduisant les coûts.

Avec la numérisation, les entreprises peuvent utiliser des outils numériques pour suivre et analyser les données de leur activité, améliorant ainsi leur compréhension des comportements des consommateurs et des tendances du marché. Les entreprises peuvent également utiliser des outils numériques pour optimiser leurs processus de production et de distribution, accélérant ainsi la livraison des produits et services.

La numérisation facilite également la communication et la collaboration entre les entreprises, les clients, les fournisseurs et les partenaires. Les entreprises peuvent utiliser des outils numériques pour communiquer instantanément avec leurs clients, répondre rapidement à leurs besoins et leurs demandes, et personnaliser leur offre. Les entreprises peuvent également collaborer plus facilement avec des partenaires et des fournisseurs, en partageant des donné

La connectivité : la connectivité est essentielle dans l'économie numérique, car elle permet la communication et l'échange d'informations entre les individus, les organisations et les appareils.

La connectivité est favorisée par les technologies numériques telles que l'Internet, les réseaux sociaux, les applications mobiles et les plateformes de collaboration en ligne. Ces technologies permettent aux entreprises de communiquer avec leurs clients, d'interagir avec eux et de recueillir des informations sur leurs besoins et leurs préférences. Les entreprises peuvent ainsi adapter leur offre et leur stratégie en fonction des demandes et des attentes de leur clientèle, ce qui peut améliorer leur satisfaction et leur fidélité.

En outre, la connectivité offre également de nombreux avantages pour les employés et les organisations. Elle permet aux travailleurs de rester en contact, de collaborer et de partager des informations plus facilement, même s'ils travaillent à distance ou dans des lieux différents. Les plateformes de travail collaboratif en ligne, telles que Slack, Trello ou Asana, permettent aux équipes de travailler ensemble plus efficacement et de gérer les projets plus rapidement.

La connectivité peut également être bénéfique pour les communautés et les sociétés dans leur ensemble. Les technologies numériques peuvent aider à créer des réseaux de personnes partageant les mêmes intérêts ou préoccupations, ce qui peut favoriser la collaboration, l'innovation et l'activisme social. Les organisations peuvent

L'automatisation : l'automatisation est une caractéristique clé de l'économie numérique, car elle permet de remplacer certains processus manuels par des processus automatisés et d'améliorer l'efficacité et la productivité.

La personnalisation : l'économie numérique permet de personnaliser les produits et services en fonction des besoins et des préférences individuelles, grâce à l'analyse des données et à l'IA.

La rapidité et l'efficacité : les technologies numériques permettent de réaliser des transactions plus rapidement et plus efficacement que les processus traditionnels, grâce à l'automatisation et à l'optimisation des processus.

L'émergence de nouveaux modèles économiques : l'économie numérique a engendré de nouveaux modèles économiques, tels que les plateformes collaboratives et l'économie de partage.

La mondialisation : l'économie numérique est caractérisée par une mondialisation accrue des échanges, ce qui permet aux entreprises de se connecter avec des clients et des partenaires dans le monde entier.

En somme, l'économie numérique est caractérisée par la numérisation, la connectivité, l'automatisation, la personnalisation, la rapidité et l'efficacité, l'émergence de nouveaux modèles économiques et la mondialisation.

CHAPITRE 2
LA NUMÉRISATION DANS L'ÉCONOMIE NUMÉRIQUE

La numérisation, au cœur de l'économie numérique, révolutionne la manière dont les biens et les services sont créés, distribués, et consommés. Elle constitue le processus fondamental de conversion de l'information en format numérique, permettant ainsi le stockage, la manipulation, l'échange, et la consommation à distance.

Cette transformation est cruciale pour la compréhension des dynamiques de l'économie numérique. En effet, elle redéfinit les activités économiques en automatisant des processus, améliorant la productivité, et réduisant les coûts. Dans le contexte de cette révolution, plusieurs secteurs économiques ont été profondément impactés, modifiant les paradigmes traditionnels de production, distribution, et consommation.

La numérisation offre une compréhension approfondie des entreprises, car elle permet l'utilisation d'outils numériques pour suivre et analyser les données liées à leur activité. Cette connaissance accrue des comportements des consommateurs et des tendances du marché influence les prises de décision stratégiques, favorisant une approche plus proactive.

De plus, la numérisation optimise les processus de production et de distribution en accélérant la livraison des produits et services. Cette optimisation contribue à une économie plus efficace, réactive, et adaptée aux demandes changeantes du marché.

La communication et la collaboration entre les acteurs économiques sont également révolutionnées par la numérisation. Les outils numériques facilitent la communication instantanée avec la clientèle, la personnalisation des offres, et la collaboration entre entreprises, partenaires, et fournisseurs.

Cependant, cette transition numérique n'est pas sans défis. Des questions de sécurité des données, de protection de la vie privée, et d'inclusion numérique nécessitent une gestion attentive. Le passage au numérique doit être planifié et mis en œuvre avec précaution pour garantir un développement durable dans l'économie numérique. En surmontant ces défis, la numérisation peut réellement être un moteur de progrès économique, d'efficacité accrue, et d'innovation continue.

La connectivité émerge comme un pilier fondamental propulsant l'économie numérique, jouant un rôle essentiel dans la facilitation de la communication et de l'échange d'informations entre individus, organisations, et appareils. Elle sert de catalyseur majeur, stimulant les dynamiques économiques numériques.

Les technologies numériques telles que l'Internet, les réseaux sociaux, les applications mobiles, et les plateformes de collaboration en ligne sont les artisans de cette connectivité florissante. Elles contribuent à renforcer les liens entre les acteurs de l'économie numérique, favorisant un échange rapide d'informations et une collaboration accrue.

Dans la relation entre les entreprises et leurs clients, la connectivité offre une plateforme dynamique. Les entreprises peuvent communiquer, interagir, et ajuster leurs offres en fonction des besoins et des préférences des clients, améliorant ainsi la satisfaction et la fidélité de la clientèle.

La connectivité apporte également des avantages significatifs aux employés et aux organisations. Elle facilite la communication et la collaboration, même à distance, grâce à des plateformes de travail collaboratif en ligne. Ces outils accroissent l'efficacité des équipes et accélèrent la gestion des projets.

Au niveau sociétal, la connectivité favorise la création de réseaux entre personnes partageant des intérêts communs. Ces réseaux peuvent devenir des catalyseurs pour la collaboration, l'innovation, et l'activisme social au sein des communautés.

La connectivité redéfinit également les modèles de travail et de collaboration. Les équipes, même dispersées géographiquement, peuvent collaborer de manière efficace, redéfinissant ainsi les modèles traditionnels de travail à l'ère du travail à distance et de la flexibilité.

Bien que la connectivité apporte des avantages significatifs, elle n'est pas exempte de défis. Des préoccupations liées à la sécurité des données, à la protection de la vie privée, et à la dépendance numérique nécessitent une gestion attentive pour assurer une connectivité équilibrée et durable. La connectivité, en tant que force motrice de l'économie numérique, doit être cultivée avec soin pour maximiser ses avantages tout en atténuant les risques associés.

La connectivité numérique est un trait distinctif de l'économie numérique, et sa situation varie considérablement d'un pays à l'autre en Afrique.

Jetons un regard comparatif sur la connectivité au Congo par rapport à d'autres nations du continent.

Situation Actuelle de la Connectivité

Au Congo, la connectivité numérique est à un stade évolutif, avec des défis à relever. Comparée à des nations pionnières telles que le Kenya, l'Afrique du Sud ou le Nigeria, la connectivité congolaise pourrait être considérée comme en développement. Des disparités régionales et des obstacles d'infrastructures peuvent ralentir son expansion.

Impact sur l'Économie Numérique

La connectivité exerce une influence cruciale sur l'économie numérique du Congo, bien que son impact puisse différer de celui des économies plus avancées. Les entreprises congolaises, en embrassant la connectivité, peuvent améliorer leur visibilité en ligne, atteindre de nouveaux marchés, mais des défis d'accessibilité et de compétences numériques subsistent.

Investissements et Initiatives Gouvernementales

Les initiatives gouvernementales au Congo visent à renforcer la connectivité, mais des investissements soutenus sont nécessaires. En comparaison, des pays comme le Rwanda ont adopté des politiques agressives en faveur de la connectivité, réduisant les coûts d'accès et stimulant la compétitivité numérique.

Avantages et Défis Spécifiques

La connectivité offre des avantages spécifiques aux entreprises et individus congolais, tels que l'accès à des marchés internationaux. Toutefois, des défis tels que le coût élevé de l'accès à Internet et les disparités d'infrastructure subsistent, les distinguant des réalités dans d'autres pays africains.

Initiatives Locales et Leçons Apprises

Des initiatives locales, comme des startups congolaises, jouent un rôle vital dans la promotion de la connectivité. Des leçons peuvent être tirées des expériences de réussite au Kenya, où des écosystèmes d'innovation ont émergé, catalysant la connectivité et l'économie numérique.

Partenariats pour un Avenir Connecté

Des partenariats régionaux et internationaux peuvent jouer un rôle clé dans le renforcement de la connectivité au Congo. En regardant des modèles comme l'initiative Smart Africa, le Congo peut trouver des moyens de collaborer pour surmonter les défis régionaux liés à la connectivité.

Cette analyse comparative vise à éclairer les opportunités et les défis spécifiques de la connectivité numérique au Congo, en tirant des enseignements des réussites et des innovations observées dans d'autres pays africains.

CHAPITRE 4

L'AUTOMATISATION DANS L'ÉCONOMIE NUMERIQUE : PERSPECTIVES COMPARATIVES ENTRE LE CONGO ET D'AUTRES NATIONS AFRICAINES

L'automatisation, moteur clé de l'économie numérique, connaît des réalités diverses en Afrique. Jetons un regard comparatif sur l'état actuel de l'automatisation au Congo par rapport à d'autres nations africaines.

Automatisation au Congo et dans d'Autres Pays Africains

Au Congo, l'automatisation progresse, mais à un rythme variable par rapport à d'autres nations africaines. Des secteurs tels que la finance et la logistique ont adopté des technologies automatisées, mais le Congo peut encore tirer des enseignements de pays avancés comme le Maroc, où l'industrie manufacturière intègre massivement l'automatisation.

Impact sur la Productivité et l'Efficacité

L'automatisation au Congo commence à montrer des avantages tangibles en termes de productivité et d'efficacité, bien que ces gains soient plus prononcés dans des économies comme le Nigeria, où l'industrie pétrolière a adopté des technologies avancées. Les investissements continus dans l'automatisation peuvent renforcer la compétitivité congolaise.

Investissements et Politiques Gouvernementaux

Les investissements gouvernementaux au Congo soutiennent l'automatisation, mais des mesures plus incisives pourraient accélérer le processus. En comparaison, le Kenya a mis en place des politiques incitatives qui encouragent l'adoption rapide de technologies automatisées, stimulant la croissance économique.

Secteurs Bénéficiant le Plus de l'Automatisation

Au Congo, les secteurs financier et de la santé bénéficient le plus de l'automatisation, mais il reste des opportunités d'expansion, tandis que le Sénégal, par exemple, a réussi à intégrer l'automatisation dans l'agriculture. Le Congo peut explorer ces modèles pour diversifier ses secteurs automatisés.

Défis Spécifiques et Dynamiques de l'Emploi

Les défis liés à l'adoption de l'automatisation au Congo sont spécifiques, notamment en termes d'infrastructures. Comparativement au Ghana, où des défis similaires ont été relevés, le Congo peut élaborer des stratégies adaptées pour atténuer les obstacles.

Initiatives Locales et Stratégies de Formation

Les initiatives locales au Congo, telles que des programmes de numérisation, sont prometteuses. En s'inspirant des initiatives de l'Afrique du Sud en matière de formation professionnelle liée à l'automatisation, le Congo peut renforcer ses programmes de développement des compétences.

En résumé, l'automatisation au Congo est en progression, mais des ajustements stratégiques, inspirés par les expériences de pays africains avancés, peuvent accélérer le passage vers une économie numérique automatisée et compétitive.

CHAPITRE 5

LA PERSONNALISATION DANS L'ÉCONOMIE NUMERIQUE : UNE ANALYSE COMPARATIVE ENTRE LE CONGO ET D'AUTRES NATIONS AFRICAINES

L'économie numérique au Congo est en plein essor, mais comment parvient-elle à personnaliser les produits et services en comparaison avec d'autres nations africaines? Examions de près cette dynamique.

Degré de Personnalisation au Congo

Au Congo, l'économie numérique progresse dans la personnalisation, adaptant les produits et services aux besoins individuels. Cependant, comparativement à des pays tels que le Kenya, le Congo peut accroître ses efforts pour offrir une personnalisation plus pointue.

Secteurs Leaders de la Personnalisation

Les secteurs de la santé et de la finance au Congo sont à la pointe de la personnalisation grâce à l'économie numérique. En comparaison, le Nigeria a réussi à généraliser la personnalisation dans des domaines variés, y compris le commerce en ligne et la logistique.

Technologies Utilisées et Pratiques en Afrique

Au Congo, l'analyse des données et l'IA sont les technologies clés pour permettre la personnalisation. Cependant, des pays comme l'Afrique du Sud exploitent également la réalité virtuelle et augmentée pour une personnalisation immersive.

Exploitation des Données au Congo et en Afrique

Les entreprises congolaises utilisent les données des consommateurs pour personnaliser leurs offres, mais des améliorations sont nécessaires. Comparativement, des nations comme le Maroc ont mis en place des régulations plus strictes, balançant entre personnalisation et protection des données.

Avantages Tangibles au Congo

La personnalisation au Congo offre des avantages significatifs, améliorant l'expérience client et stimulant la fidélisation. Néanmoins, par rapport à l'Égypte, le Congo peut développer davantage ses programmes de personnalisation pour maximiser la rétention et la satisfaction client.

Défis Spécifiques et Influences sur la Mise en Œuvre

Les défis liés à la personnalisation au Congo comprennent la connectivité limitée et les compétences techniques. Ces défis, bien que communs à plusieurs pays africains, nécessitent des solutions adaptées à la réalité congolaise.

Leçons Tirées des Expériences Africaines

Le Congo peut tirer des leçons des expériences de personnalisation au Kenya, où des startups ont réussi à personnaliser des services pour des communautés diverses. Ces leçons peuvent être appliquées localement pour affiner les stratégies de personnalisation.

Perception des Consommateurs au Congo

La perception des consommateurs au Congo envers la personnalisation est positive, mais la conscientisation reste nécessaire. Comparativement au Sénégal, où la personnalisation est fortement valorisée, le Congo peut renforcer sa communication pour sensibiliser davantage les consommateurs.

En conclusion, la personnalisation dans l'économie numérique au Congo est en progression, mais des ajustements inspirés des meilleures pratiques africaines peuvent optimiser cette dynamique pour un impact plus significatif.

CHAPITRE 6 : LA RAPIDITE ET L'EFFICACITE DES TRANSACTIONS DANS L'ÉCONOMIE NUMERIQUE : UN REGARD COMPARATIF ENTRE LE CONGO ET D'AUTRES NATIONS AFRICAINES

L'économie numérique au Congo a considérablement évolué, mais comment se situe-t-elle en termes de transactions plus rapides et plus efficaces par rapport à d'autres nations africaines? Analysons de près cette dimension cruciale.

Degré de Facilitation des Transactions au Congo

Au Congo, l'économie numérique facilite les transactions de manière significative, offrant rapidité et efficacité. Cependant, comparativement à des nations telles que le Rwanda, le Congo peut intensifier ses efforts pour optimiser davantage la fluidité des transactions.

Secteurs Bénéficiant le Plus de la Rapidité et de l'Efficacité

Les secteurs financiers et du commerce électronique au Congo sont les principaux bénéficiaires de la rapidité et de l'efficacité des transactions numériques. En comparaison, le

Ghana a réussi à généraliser ces avantages à travers divers secteurs, y compris les services publics.

Technologies Numériques Utilisées au Congo et Comparaisons Régionales

Au Congo, l'automatisation des processus et les plateformes de paiement numériques sont les technologies clés pour accélérer les transactions. Cependant, des pays comme le Kenya ont adopté des systèmes plus avancés, tels que les paiements par code QR, pour une efficacité accrue.

Stratégies des Entreprises Congolaises et Comparaisons

Les entreprises au Congo exploitent la rapidité des transactions pour optimiser leurs opérations, bien que des ajustements puissent être apportés pour rivaliser avec les pratiques innovantes observées au Nigeria, où des intégrations complexes améliorent l'efficacité.

Avantages Tangibles au Congo

La rapidité et l'efficacité des transactions dans l'économie numérique au Congo apportent des avantages tangibles tels que la réduction des délais et des coûts. Cependant, comparé au Maroc, le Congo peut explorer des initiatives pour maximiser l'inclusion financière grâce à ces avantages.

DÉfis Particuliers et Comparaisons

Les défis liés à la rapidité des transactions au Congo incluent parfois des problèmes de connectivité et d'éducation numérique. Bien que ces défis soient partagés dans de nombreux pays africains, des solutions contextualisées sont nécessaires.

Leçons Tirées des Expériences Africaines

Le Congo peut tirer des leçons des expériences au Sénégal, où des partenariats public-privé ont favorisé des systèmes de paiement rapides et sécurisés. Ces leçons peuvent guider des collaborations similaires au Congo.

Perception des Consommateurs au Congo

La perception des consommateurs au Congo à l'égard de la rapidité et de l'efficacité des transactions numériques est généralement positive. En comparaison avec l'Afrique du Sud, le Congo peut renforcer la sensibilisation pour maximiser l'adoption et la satisfaction des utilisateurs.

En somme, bien que le Congo ait fait des progrès notables, un examen approfondi des meilleures pratiques africaines peut aider à affiner les stratégies pour une économie numérique encore plus efficiente.

CHAPITRE 7 : L'ÉMERGENCE DE NOUVEAUX MODELES ÉCONOMIQUES DANS L'ÉCONOMIE NUMERIQUE : ANALYSE COMPARATIVE ENTRE LE CONGO ET D'AUTRES PAYS AFRICAINS

L'économie numérique au Congo a été un catalyseur pour de nouveaux modèles économiques, mais comment se positionne-t-elle par rapport à d'autres nations africaines? Examinons de près cette évolution.

Degré d'Impact de l'Économie Numérique sur les Nouveaux Modèles Économiques

L'économie numérique au Congo a considérablement influencé la création de nouveaux modèles économiques, mais il reste des opportunités pour une innovation plus poussée. Comparé au Nigeria, le Congo peut intensifier ses efforts pour diversifier ses modèles économiques.

Modèles Économiques Émergents au Congo et Comparaisons Régionales

Au Congo, les modèles économiques émergents se concentrent principalement sur le commerce électronique et les services en ligne. Comparativement au Kenya, le Congo peut explorer des modèles plus axés sur l'économie du partage pour une diversification accrue.

Influence des Plateformes Collaboratives au Congo

Les plateformes collaboratives au Congo, bien qu'en croissance, ont un impact limité sur les modèles économiques existants par rapport à des pays comme l'Afrique du Sud, où ces plateformes ont transformé des secteurs entiers.

Avantages et Défis de l'Adoption des Nouveaux Modèles au Congo

L'adoption de nouveaux modèles économiques au Congo offre des avantages tels que la stimulation de l'entrepreneuriat, mais elle est confrontée à des défis liés à l'infrastructure numérique. Comparé à l'Égypte, le Congo peut élaborer des politiques ciblées pour surmonter ces défis.

Intégration des Nouveaux Modèles par les Entreprises Congolaises

Les entreprises au Congo intègrent progressivement de nouveaux modèles économiques, mais il existe encore des secteurs où

cette intégration peut être accélérée.
Comparativement au Maroc, des incitations fiscales spécifiques peuvent encourager une adoption plus rapide.

Impacts Sociaux et Culturels au Congo et Comparaisons

L'émergence de nouveaux modèles économiques au Congo a des impacts sociaux positifs tels que la création d'emplois, mais elle peut également exacerber des inégalités. Ces impacts sont similaires à ceux observés au Nigeria, soulignant la nécessité d'une régulation proactive.

Leçons des Expériences Africaines pour le Congo

Le Congo peut tirer des leçons des expériences du Rwanda, où des politiques favorables ont catalysé l'innovation économique. Ces leçons peuvent être adaptées pour créer un environnement propice à l'émergence de nouveaux modèles.

Perception des Citoyens Congolais

La perception des citoyens congolais envers les nouveaux modèles économiques est généralement positive, bien que des préoccupations persistent. En comparaison avec le Sénégal, une communication transparente peut atténuer les inquiétudes et favoriser l'acceptation.

En conclusion, le Congo a ouvert la voie à de nouveaux modèles économiques grâce à l'économie numérique, mais des ajustements et des innovations supplémentaires sont nécessaires pour rester à la pointe de cette transformation.

CHAPITRE 8 LA MONDIALISATION DANS L'ÉCONOMIE NUMERIQUE : PERSPECTIVES COMPARATIVES ENTRE LE CONGO ET D'AUTRES PAYS AFRICAINS

L'économie numérique a profondément influencé la mondialisation des échanges au Congo. Comparons cette expérience avec celle d'autres nations africaines pour mieux comprendre les dynamiques en jeu.

Impact Spécifique de l'Économie Numérique sur la Mondialisation des Échanges au Congo

L'économie numérique a considérablement élargi les horizons commerciaux du Congo, stimulant les échanges internationaux. Cependant, par rapport au Nigeria, le Congo peut augmenter ses investissements dans des stratégies de marketing numérique pour renforcer davantage sa présence mondiale.

Stratégies des Entreprises Congolaises pour la Connectivité Mondiale

Les entreprises congolaises utilisent divers outils de l'économie numérique pour établir des connexions mondiales, notamment des plateformes de commerce électronique. Comparativement à l'Afrique du Sud, le Congo peut intensifier ses efforts pour promouvoir des stratégies de marketing en ligne plus sophistiquées.

Avantages Particuliers de la Mondialisation des Échanges grâce à l'Économie Numérique au Congo

La mondialisation des échanges grâce à l'économie numérique offre au Congo des avantages spécifiques, tels que l'accès à de nouveaux marchés. En comparaison avec le Kenya, le Congo peut capitaliser sur ces avantages pour diversifier davantage ses partenariats commerciaux.

Approches Face aux Défis de la Mondialisation dans l'Économie Numérique

Les défis liés à la mondialisation, tels que la concurrence accrue, sont abordés au Congo par des initiatives de renforcement des compétences et des incitations à l'innovation. Comparé au Maroc, le Congo peut explorer des partenariats public-privé pour surmonter les obstacles liés aux infrastructures.

Rôle des Infrastructures Numériques dans la Mondialisation au Congo

Les infrastructures numériques jouent un rôle crucial dans la facilitation de la mondialisation des échanges au Congo. Cependant, par rapport au Ghana, des investissements supplémentaires dans les infrastructures de communication peuvent renforcer davantage cette facilitation.

Politiques Gouvernementales Favorisant la Mondialisation des Échanges au Congo

Les politiques gouvernementales au Congo favorisent la mondialisation des échanges en encourageant les investissements dans la technologie. Comparativement à l'Égypte, le Congo peut développer des politiques plus spécifiques pour soutenir les industries numériques.

Exemples de Succès au Congo et Comparaisons Régionales

Des entreprises congolaises ont connu des succès notables dans la mondialisation des échanges grâce à l'économie numérique. En comparaison avec le Sénégal, le Congo peut promouvoir ces cas de réussite pour attirer davantage d'investissements étrangers.

Leçons des Expériences Africaines pour le Congo

Les leçons tirées des expériences d'autres nations africaines soulignent l'importance de l'agilité et de l'innovation. Ces leçons peuvent être appliquées au Congo pour renforcer ses initiatives de mondialisation dans l'économie numérique.

En résumé, le Congo a fait des progrès significatifs dans la mondialisation des échanges grâce à l'économie numérique, mais des ajustements stratégiques peuvent améliorer davantage sa position sur la scène mondiale.

CHAPITRE 9 : CONCLUSION GENERALE ET RECOMMANDATIONS POUR LES ACTEURS CLES DE L'ÉCONOMIE NUMERIQUE EN AFRIQUE

L'économie numérique émerge comme un catalyseur majeur de la transformation sociale et économique en Afrique, offrant des opportunités significatives tout en présentant des défis distincts. Cette exploration approfondie des différents aspects de l'économie numérique, mettant particulièrement l'accent sur le Congo et d'autres nations africaines, souligne la nécessité d'une approche stratégique et collaborative de la part des gouvernements, des universitaires, des scientifiques et d'autres parties prenantes.

Récapitulation des Principaux Points :

1. La Numérisation comme Fondement : La numérisation, en transformant des biens et des services en données numériques, est au cœur de l'économie numérique. Elle offre une efficacité accrue, une optimisation des processus et une personnalisation des offres.

2. Connectivité Essentielle : La connectivité, facilitée par des technologies telles que l'Internet et les réseaux sociaux, joue un rôle crucial. Elle améliore

la communication, la collaboration et la satisfaction des clients.

3. Automatisation pour la Productivité : L'automatisation est une caractéristique clé qui améliore l'efficacité et la productivité en remplaçant les processus manuels par des processus automatisés.

4. Personnalisation Propulsée par les Données : L'analyse des données et l'intelligence artificielle permettent une personnalisation des produits et services, répondant ainsi aux besoins individuels des consommateurs.

5. Rapidité et Efficacité : Les technologies numériques permettent des transactions plus rapides et plus efficaces grâce à l'automatisation et à l'optimisation des processus.

6. Nouveaux Modèles Économiques : L'économie numérique engendre de nouveaux modèles, tels que les plateformes collaboratives et l'économie de partage, transformant la manière dont les entreprises opèrent.

7. Mondialisation Amplifiée : L'économie numérique favorise une mondialisation accrue des échanges,

connectant les entreprises et les individus au niveau mondial.

Recommandations pour les Acteurs Clés :

Pour les Gouvernements :

1. Adopter des réglementations favorables à l'économie numérique tout en garantissant la protection de la vie privée et la sécurité des données.

2. Investir dans les infrastructures numériques pour favoriser la connectivité et réduire la fracture numérique.

3. Encourager la formation et l'éducation numériques pour développer une main-d'œuvre compétente.

4. Mettre en place des politiques fiscales adaptées pour les entreprises numériques tout en encourageant l'innovation.

Pour les Universitaires et les Scientifiques :

1. Mener des recherches approfondies sur les impacts de l'économie numérique dans le contexte africain, en mettant l'accent sur des études de cas nationales.

2. Collaborer avec l'industrie pour développer des programmes de formation adaptés aux besoins du marché numérique.

3. Explorer des solutions novatrices pour résoudre les défis éthiques, sociaux et technologiques liés à l'économie numérique.

Pour les Entreprises :

1. Prioriser l'innovation continue pour rester compétitif sur le marché numérique mondial.

2. Investir dans la sécurité en ligne pour protéger les données des clients.

3. Promouvoir la collaboration et la création de réseaux pour stimuler l'innovation et la croissance.

4. Contribuer au développement de la main-d'œuvre en participant à des initiatives éducatives et de formation.

En Conclusion :

L'économie numérique en Afrique, avec le Congo comme exemple, offre des perspectives prometteuses pour la croissance économique, l'innovation et le progrès social. Cependant, une approche stratégique, intégrée et adaptative est cruciale pour maximiser les avantages tout en atténuant les risques. Les recommandations fournies visent à guider les gouvernements, les universitaires, les scientifiques et les entreprises vers une participation constructive à cette révolution numérique, façonnant ainsi un avenir durable pour l'Afrique dans l'économie mondiale.

GLOSSAIRE DE TERMES LIES A L'ÉCONOMIE NUMERIQUE

1. Économie Numérique : Un système économique basé sur l'utilisation intensive des technologies de l'information et de la communication pour la production, la distribution et la consommation de biens et de services.

2. Numérisation : La conversion de l'information, y compris des biens et des services, en format numérique, facilitant ainsi le stockage, la manipulation et l'échange à distance.

3. Connectivité : La capacité des individus, des organisations et des appareils à se connecter et à échanger des informations, souvent facilitée par des technologies numériques telles que l'Internet et les réseaux sociaux.

4. Automatisation : L'utilisation de technologies pour exécuter des processus sans intervention humaine, visant à améliorer l'efficacité et la productivité.

5. Personnalisation : L'adaptation de produits et de services en fonction des besoins individuels des consommateurs, souvent réalisée grâce à l'analyse des données et à l'intelligence artificielle.

6. Rapidité et Efficacité : Les avantages résultant de l'utilisation de technologies numériques pour accélérer les processus et optimiser les opérations, conduisant à des transactions plus rapides et plus efficaces.

7. Nouveaux Modèles Économiques : Des approches innovantes pour la création, la distribution et la consommation de biens et de services, comme les plateformes collaboratives et l'économie de partage.

8. Mondialisation : L'extension des échanges économiques, des interactions et des connexions à l'échelle mondiale, renforcée par l'économie numérique.

9. Infrastructure Numérique : Les éléments technologiques qui facilitent l'économie numérique, tels que les réseaux de communication, les serveurs, le cloud computing, etc.

10. Fracture Numérique : Les disparités d'accès à la technologie et aux compétences numériques entre différentes régions, populations ou groupes sociaux.

11. Données Numériques : Les informations
stockées sous forme numérique, utilisées pour
l'analyse, la prise de décision et la personnalisation
des produits et services.

12. Sécurité en Ligne : Les pratiques et les mesures
visant à protéger les données, les systèmes
informatiques et la confidentialité des utilisateurs
dans l'environnement numérique.

13. Innovation : Le processus de création et
d'introduction de nouvelles idées, de produits, de
services ou de méthodes, crucial pour la
compétitivité dans l'économie numérique.

14. Formation Numérique : L'acquisition de
compétences et de connaissances liées aux
technologies numériques, essentielle pour participer
efficacement à l'économie numérique.

15. Plateformes Collaboratives : Des
environnements en ligne qui facilitent la
collaboration et l'échange entre utilisateurs, souvent
utilisés pour la création et la distribution de biens et
de services.

Ce glossaire fournit une base pour comprendre les
termes clés associés à l'économie numérique, un

domaine en constante évolution où l'innovation et l'adaptation sont essentielles.

LEXIQUE DE TERMES LIES A L'ÉCONOMIE NUMERIQUE

1. Algorithmes : Séquences d'instructions utilisées par les ordinateurs pour effectuer des tâches spécifiques, souvent utilisées dans l'analyse de données et l'intelligence artificielle.

2. Big Data : Référence à de vastes ensembles de données complexes qui nécessitent des techniques spéciales pour être traitées et analysées.

3. Cloud Computing : La fourniture de services informatiques (stockage, traitement, etc.) via Internet, éliminant ainsi le besoin d'infrastructures physiques locales.

4. Crowdsourcing : Obtention de services, d'idées ou de contenus en faisant appel à un grand groupe de personnes, souvent en ligne.

5. Cybersécurité : Mesures de protection des systèmes informatiques et des données contre les attaques et les violations de sécurité.

6. Data Mining (Exploration de Données) : Processus d'exploration de grandes quantités de

données pour découvrir des modèles et des tendances cachés.

7. E-commerce : Commerce électronique, l'achat et la vente de biens et de services en ligne.

8. Infonuagique : Synonyme de Cloud Computing, faisant référence à la prestation de services via Internet.

9. IoT (Internet des Objets) : Réseau d'objets physiques connectés à Internet, capable de collecter et d'échanger des données.

10. Logiciel en tant que Service (SaaS) : Modèle de distribution de logiciels où ceux-ci sont hébergés par un fournisseur et accessibles via Internet.

11. Open Source (Code Source Ouvert) : Logiciels dont le code source est disponible au public, permettant une collaboration et une modification continues.

12. Réalité Virtuelle (VR) : Environnement informatique simulé qui donne l'impression d'être réel, souvent utilisé pour des expériences immersives.

13. Réalité Augmentée (AR) : Intégration d'éléments virtuels dans le monde réel, généralement vue à travers un dispositif comme un smartphone.

14. Réseaux Sociaux : Plateformes en ligne permettant aux utilisateurs de créer, partager et échanger des contenus.

15. Robotique : Utilisation de robots pour effectuer des tâches automatisées, souvent dans la fabrication et la production.

16. Technologie Blockchain : Registre distribué sécurisé utilisé pour stocker des informations de manière transparente.

17. TIC (Technologies de l'Information et de la Communication) : Ensemble des technologies utilisées pour gérer et traiter l'information.

18. VPN (Réseau Privé Virtuel) : Technologie permettant de créer une connexion sécurisée sur Internet, souvent utilisée pour garantir la confidentialité.

19. Web 2.0 : Évolution d'Internet vers des plates-formes interactives permettant aux utilisateurs de contribuer activement au contenu.

20. 5G : Cinquième génération de technologie de réseau mobile, offrant des vitesses de connexion plus rapides.

Ce lexique fournit une vue d'ensemble des termes essentiels liés à l'économie numérique et à la technologie. L'adoption de ces concepts est cruciale pour naviguer dans un paysage économique en constante évolution.

BIBLOGRAPHIE

Livres spécialisés:

1. "The Second Machine Age: Work, Progress, and Prosperity in a Time of Brilliant Technologies" par Erik Brynjolfsson et Andrew McAfee.

2. "The Innovators: How a Group of Hackers, Geniuses, and Geeks Created the Digital Revolution" par Walter Isaacson.

3. "Platform Revolution: How Networked Markets Are Transforming the Economy—and How to Make Them Work for You" par Geoffrey G. Parker, Marshall W. Van Alstyne, et Sangeet Paul Choudary.

Articles académiques:

1. Recherche dans des bases de données académiques telles que JSTOR, ScienceDirect, et IEEE Xplore pour des articles sur des sujets spécifiques liés à l'économie numérique et à la technologie.

2. Google Scholar est également un bon point de départ pour trouver des articles académiques.

Rapports de recherche de grandes organisations:

1. Rapports de l'Organisation de coopération et de développement économiques (OCDE) sur l'économie numérique.

2. Rapports du Forum économique mondial sur la quatrième révolution industrielle.

3. Rapports de la Banque mondiale sur la transformation numérique.

Sites Web officiels:

1. Gouvernements: Consultez les sites Web des ministères de l'économie, de l'industrie ou de la technologie des gouvernements.

2. Organisations internationales: Visitez les sites Web de l'ONU, de l'Union internationale des télécommunications (UIT) et de la Commission économique des Nations Unies pour l'Europe (UNECE).

3. Entreprises: Les sites Web des grandes entreprises technologiques telles que Microsoft, Google, IBM, etc., peuvent fournir des informations sur les dernières tendances.

Think tanks et centres de recherche:

1. Pew Research Center pour des données et des rapports sur les tendances numériques.

2. McKinsey Global Institute pour des rapports sur l'impact économique de la technologie.

3. RAND Corporation pour des recherches sur la technologie et la politique.

Assurez-vous de vérifier la dernière édition des publications et des rapports pour obtenir les informations les plus récentes.